Einführung

Als Direktvermarkter von Lebensmitteln stehen Sie jeden Tag vor unternehmerischen Entscheidungen. Ziel dieses Management-Handbuches ist es, Ihnen Instrumente, professionelle Orientierungshilfen und Handlungstipps für die Entwicklung einer langfristig tragfähigen Direktvermarktung an die Hand zu geben, sei es im Hofladen, beim Marktstand oder bei einem Abo-Kisten-System. Eine professionelle Vorgehensweise bedeutet, den Betrieb konsequent zu organisieren und zu optimieren, und gleichzeitig geschickt zu investieren, so dass Sie mit Ihren Verkaufstätigkeiten ein zufriedenstellendes Einkommen erreichen. Ihr Ziel sollte sein, mit der Direktvermarktung so viel zu verdienen, dass Sie als Unternehmerin oder als Unternehmer Jahr für Jahr zusätzliches Eigenkapital bilden können. Ausreichende Eigenkapitalbildung kennzeichnet aus betriebswirtschaftlicher Sicht erfolgreiche Betriebe und macht sie zukunftsfähig.

Analyse

Den eigenen Betrieb analysieren

Wenn Sie wissen wollen, wie gut Ihr Hofladen, Ihr Wochenmarktstand oder Ihr Abo-Kisten-Betrieb dasteht, ist es sinnvoll, sich mit anderen zu vergleichen. Wir haben dazu neun Betriebe mit Hofläden, zehn Wochenmarktbetriebe und neun Lieferdienste (Abo-Kisten) aus ganz Deutschland ausgewertet. Grundlagen der Auswertung waren in der Regel der gewerbliche Buchabschluss und Angaben der Betriebsleiter über die Arbeitszeiten in den genannten Betriebszweigen. Aus den Ergebnissen der Auswertung entstand ein betriebswirtschaftliches Kennzahlen-System, das wir auch mit anderen Veröffentlichungen und Kennzahlen - insbesondere aus dem Naturkosthandel - abgeglichen haben.

Analysieren Sie selbst!

Für die Analyse Ihrer Direktvermarktung haben wir ein spezielles Analyseprogramm entwickelt, das Sie auf der beigefügten CD finden. Informationen zum Programm und zur CD erhalten Sie im Kapitel „Analyse und Optimierung per Mausklick" dieses Buches (siehe Seite 25).
Wenn Sie betriebswirtschaftliche Informationen über Ihre Direktvermarktung haben möchten, benötigen Sie folgende Unterlagen:
Einen möglichst aktuellen Buchabschluss (Einnahmen-Überschuss-Rechnung oder Betriebs-Bilanz) und eine Übersicht der Jahresarbeitszeiten, die in diesem Betriebszweig geleistet wurden.

Aktueller Buchabschluss

Mehr denn je ist eine exakte, detaillierte Buchführung, die über steuerliche Aspekte hinausgeht, das zentrale Instrument moderner Unternehmensführung. Ursprünglich hatte die Buchführung den Zweck, in möglichst einfacher Form Rechenschaft über Einnahmen und Ausgaben innerhalb eines bestimmten Zeitraums zu geben. Heute bietet sie viele Möglichkeiten, einhergehend mit der Betriebsanalyse Stärken und Schwächen zu erkennen, und sie liefert Grundlagen für die Finanz- und Investitionsplanung.
Gewerbetreibende müssen eine doppelte Buchführung durchführen, wenn sie pro Jahr mehr als 350.000,- € Umsatz oder einen Gewinn von mehr als 30.000,- € erwirtschaften. Solange Direktvermarkter keine dieser Grenzen überschreiten, arbeiten sie meistens mit einer Einnahmen-Überschuss-Rechnung.

Kontenrahmen anpassen

Damit Sie Ihre Buchführung künftig besser für die Analyse und Optimierung Ihrer Direktvermarktung nutzen können, empfehlen wir Ihnen, den Kontenrahmen zu erweitern und anzupassen. Sie finden auf der beiliegenden CD die Datei „Konten_Direktvermarktung.pdf" mit einem Muster eines Kontenrahmens zur doppelten Buchführung und zur Einnahmen-Überschuss-Rechnung.
Der Kontenrahmen ist mit namhaften landwirtschaftlichen Rechenzentren abgestimmt und eignet sich dazu, aussagekräftige Kennzahlen zu ermitteln. Wenn Sie beispielsweise den Bereich „Hofladen" auswerten wollen, dann achten Sie darauf, diesen sinnvoll von den sonstigen Betriebszweigen abzugrenzen. Daher sollten Sie die Erträge und die Aufwendungen möglichst realitätsnah für den Betriebszweig erfassen und dem jeweiligen Kostenblock zuordnen. Die betriebswirtschaftliche Darstellung eines Geschäftsjahres ist die Grundlage für die Ermittlung von Kennzahlen, die dann auch in Ihre Planung und Optimierung eingehen können.

Jahresarbeitszeit und Lohnkosten ermitteln

Neben dem Buchabschluss ist die für den Betriebszweig „Hofladen", „Marktstand" oder „Abo-Kiste" eingesetzte Arbeitszeit ein wichtiges Kriterium. Die Jahresarbeitszeit setzt sich aus Arbeitsstunden der Unternehmer und der Lohn-Arbeitskräfte zusammen.

Es empfiehlt sich, regelmäßig Notizen über die Arbeitszeiten in Ihrem Betrieb zu machen. Mit relativ wenig Aufwand ist es möglich, die benötigten Arbeitszeiten weitgehend realistisch wiederzugeben und damit die Vermarktung richtig beurteilen zu können. Ziehen Sie dazu eine durchschnittliche Arbeitswoche heran! Notieren Sie für jeden Tag der Woche für alle Verkaufskräfte und für Sie als Unternehmer die geleisteten Arbeitsstunden. Zu diesen Arbeiten zählen neben den Verkaufszeiten auch die Zeiten für die Vor- und Nachbereitung, zum Beispiel Warenbestellung, Warenauszeichnung, Warenpflege, Einräumen, vermarktungsbedingte Fahrzeiten, verkaufsfertiges Abpacken von Ware, Be- und Entladen, Reinigung,

Abrechnung, Wartungs- und Kontrollarbeiten. All diese Tätigkeiten rund um die eigentlichen Verkaufszeiten müssen unbedingt berücksichtigt werden. Sie betragen nach unseren Erhebungen mindestens 10 bis 15 Stunden pro Woche. Die Wochenarbeitszeit wird dann mit der Zahl der Wochen, in denen das Geschäft pro Jahr betrieben wird, multipliziert.

Zudem gibt es monatlich regelmäßig wiederkehrende Arbeiten, zum Beispiel Buchführung, Teamsitzungen oder Verkaufsaktionen, die mit dem Faktor 12 multipliziert werden, sowie unregelmäßige Arbeiten, wie Messebesuche, Fortbildungen, Werbung, Sonderaktionen und Sondermärkte – all dies ist Arbeitszeit in der Direktvermarktung.

Alle Zeiten können Sie in der nachfolgenden Tabelle erfassen und damit die Jahresarbeitszeit ermitteln. Ein Leerformular dieser Tabelle finden Sie als Datei „Erfassung_Arbeitszeit.pdf" auf der CD.

Erfassung der Arbeitszeit im Betriebszweig

Kalenderjahr __*2006*__   Zahl der Wochen __*50*__

Ermittlung „Arbeitszeit einer durchschnittlichen Woche" (in Stunden)
❏ HOFLADEN   ❏ WOCHENMARKT   ❏ ABO-KISTEN-VERTRIEB

Name	Montag	Dienstag	Mittwoch	Donnerstag	Freitag	Samstag	Sonntag	Summe
Anna	*1*	*3*	*5*	*2*	*9*	*7*		*27*
Bernd			*2*		*2*	*2*		*6*
Christine			*4*		*6*	*5*		*15.*
Daniela					*2*	*2*		*4*

Ermittlung „Jahresarbeitszeit" und „jährliche Lohnkosten"
❏ HOFLADEN   ❏ WOCHENMARKT   ❏ ABO-KISTEN-VERTRIEB

Name	U = Unternehmer A = Angestellter	Stunden/ Woche	Wochen/ Jahr	+ zus. Stunde/ Monat	+ unregelmäßige Arbeitsstunden	Summe Jahres- stunden	Summe Lohnkosten inklusive Lohn- nebenkosten
Anna	*U*	*27*	*50*	*4*	*10*	*1.408*	
Bernd	*U*	*6*	*50*			*300*	
Christine	*A*	*15*	*46*			*690*	*5.500,- €*
Daniela	*A*	*4*	*40*			*160*	*1.140,- €*

Analyse Hofläden

Ein Hofladen ist nahe am Ort der Erzeugung die ursprüngliche Form der Direktvermarktung. In vielen landwirtschaftlichen Betrieben mit Direktvermarktung ist zusätzlich noch der Betriebszweig Hofverarbeitung (Hofbäckerei, -fleischerei oder -molkerei) integriert.

Mit eigenen Verarbeitungsprodukten erweitern Sie als Direktvermarkter Ihr Sortiment und schaffen sich mit Hofspezialitäten ein Alleinstellungsmerkmal. Viele Bio-Direktvermarkter erhalten über den Naturkost-Großhandel und von Berufskollegen Produkte, die sie in ihren Läden mit verkaufen.

Erfolgsfaktoren von Hofläden:

·   Standort mit gutem Einzugsgebiet;
·   guter Zustand und attraktives landwirtschaftliches Anwesen mit ausreichend Parkplätzen am Hofladen;
·   Ausstrahlung und Kompetenz der Verkaufskräfte;
·   ansprechende Laden- und Sortimentsgestaltung;
·   Frische, Qualität, Regionalität und Herkunftssicherheit der Produkte (Alleinstellungsmerkmale).

Die Läden präsentieren sich vielfach als moderne Naturkost-Fachgeschäfte oder kleine Bio-Supermärkte in großen, hellen Ladenräumen. Häufig verstärken Holzelemente wie Fachwerk, Decke oder Regale das rustikale Ambiente.

Trotz vieler Gemeinsamkeiten besitzt jeder Hofladen durch die Betriebsleiter-Familie und durch die unterschiedlichen Hofgebäude eine individuelle Ausstrahlung. Zum Beispiel bietet der Kartoffelspezialist verschiedene Kartoffelsorten für alle Gelegenheiten und jeden Geschmack an. Das Fachgeschäft für Fleisch zieht Kunden mit einem breiten Fleisch- und Wurstsortiment an. Der Milchhof lockt mit Milchprodukten, wie spezielle Käse- oder Joghurtsorten.

Umsätze und Öffnungszeiten

Der bundesweite Umsatz der Bio-Ab-Hof-Vermarktung liegt nach unseren Berechnungen derzeit bei etwa 200 bis 250 Mio. Euro pro Jahr (Datengrundlage ist ZMP, Ökomarkt-Jahrbuch 2006). Dies entspricht bei 1.200 Bio-Hofläden in Deutschland einem durchschnittlichen Jahresumsatz pro Hofladen von etwa 150.000,- bis 200.000,- €. Die Bandbreite des Umsatzes in den Hofläden ist allerdings relativ groß. Viele kleinere Hofläden erreichen Umsätze zwischen 30.000,- und 80.000,- €. Daneben haben sich aber auch Hofläden in guten marktnahen Lagen zu kleinen Bio-Supermärkten weiterentwickelt, die Umsätze von 500.000,- €/Jahr oder mehr erzielen. Diese Zahlen verdeutlichen die Bedeutung des Standortes, aber auch, welches Potential in der Direktvermarktung stecken kann.

Die Öffnungszeiten der einzelnen Hofläden variieren stark und hängen von örtlichen und betrieblichen Gegebenheiten ab. So gibt es Direktvermarkter, die nur einen Tag pro Woche geöffnet haben. Die Mehrzahl der Hofläden hat zwei bis drei Tage pro Woche offen. Bei Betrieben mit Schwerpunkt Gemüse oder Hofbäckereien verteilen sich diese Tage über die Woche, zum Beispiel Dienstag und Freitag. Betriebe mit eigenem Fleisch- und Wurstangebot wählen die Öffnungstage häufig als Block am Wochenende, zum Beispiel Donnerstagnachmittag, Freitag ganztags und Samstagvormittag. Betriebe, die ihren Hofladen zu einem Naturkostgeschäft oder Bio-Supermarkt weiterentwickelt haben, haben meist täglich und ohne Mittagspause geöffnet.

Personal

Neben der Unternehmerfamilie arbeiten in der Regel auch entlohnte Arbeitskräfte in Hofläden. Dies sind in Läden mit weniger als 200.000,- € Umsatz meist geringfügig Beschäftigte (400,- €-Basis). Die Tätigkeiten reichen von Reinigungsarbeiten über Waren auszeichnen und einräumen bis zum Verkauf. Das Verkaufspersonal ist in der Regel hoch motiviert und hat entsprechende Qualifikationen häufig autodidaktisch erworben. Spezielle Schulungsangebote für den Hofladenverkauf sind rar, mitunter bietet der Naturkost-Großhandel produktspezifische Verkaufsschulungen an.

Viele Hofläden rekrutieren Mitarbeiter aus ihrer eigenen Kundschaft. Recht häufig sind es Mütter, denen eine geringfügige Beschäftigung vorübergehend entgegenkommt. Teilweise sind sie ausgebildete Verkäuferinnen oder haben besondere Fähigkeiten im Kundenkontakt. Größere Hofläden beschäftigen auch Angestellte in Teilzeit oder Vollzeit. Geeignetes Personal zu finden ist nicht immer leicht und die Fluktuation ist bei Verkäuferinnen häufig recht hoch. So müssen stets neue, geeignete Verkaufskräfte gefunden werden.

Ergebnisse

Die nachfolgenden Ergebnisse von neun untersuchten Hofläden in Deutschland sollen Ihnen als Vergleich mit Ihrer eigenen Direktvermarktung dienen.

Grunddaten und Arbeitszeit

Grundlage für die Auswertung war in der Regel der gewerbliche Buchabschluss, da nahezu alle Hofläden als eigenes Gewerbe geführt werden.

Die von uns untersuchten Hofläden haben feste Öffnungszeiten und verkaufen meist nur an bestimmten Tagen. Der kleinste Verkaufsraum hat eine Größe von 16 m², im größten Hofladen wird auf 75 m² verkauft. Interessant ist, dass die umsatzstärkste Gruppe kürzere Öffnungszeiten hat als die Hofläden mit mittleren Umsätzen. Entscheidend sind daher nicht lange Öffnungszeiten, sondern ein effektiver, rationeller Verkauf mit einer hohen Kundenfrequenz und gutem Umsatz.

Wir haben zur Berechnung der Arbeitszeit alle Tätigkeiten berücksichtigt, die im Zusammenhang mit der Hofladenvermarktung stehen. Tätigkeiten, die zum Beispiel der Verarbeitung zuzurechnen sind, wurden nicht berücksichtigt.

Die kleineren Hofläden arbeiten überwiegend mit Familien-Personal, die größeren Hofläden setzen Fremdpersonal ein. Die Arbeitszeit beträgt im Schnitt der neun Betriebe 2.200 Stunden pro Jahr. Sie reicht von 1.000 bis zu 4.200 Stunden. Zum Vergleich: Für eine Vollzeit-Arbeitsstelle werden 1.800 Stunden veranschlagt. Das heißt, die untersuchten Hofläden benötigen eine halbe Stelle bis zu mehr als zwei Stellen, um den Arbeitsaufwand abzudecken.

Die nachfolgenden Tabellen geben immer die Durchschnittswerte aller neun untersuchten Hofläden an.

Tabelle: Grunddaten der Hofläden (N = 9, Durchschnittswerte)

Grunddaten	Einheit	Wert
Verkaufszeiten	Stunden/Woche	16
Verkaufsfläche	m²	39
Arbeitszeit-aufwand	Akh/Jahr	2.189
Arbeitskräfte (umgerechnet in Vollzeit-Beschäftigte)	AK/Jahr	1,22
Kunden pro Woche	Anzahl/Woche	115
Kunden pro Jahr	Anzahl/Jahr	5.750

Betriebszweigabrechnung

Die nachfolgende Tabelle fasst Umsatz, Kosten und Erfolg aller Hofläden zusammen. Die einzelnen Zahlen und Ergebnisse werden im Anschluss erläutert.

Tabelle: Erfolgsrechnung der Hofläden, (N = 9, Durchschnittswerte)

	Betrag	in % vom Umsatz
Umsatz		
Umsatzerlöse (netto)	109.301,03 €	94,1 %
Privatentnahmen, Sonstiges	6.850,30 €	5,9 %
Gesamtumsatz	116.151,33 €	100,0 %
Kosten		
Wareneinsatz	85.420,43 €	73,5 %
Kosten der Warenabgabe, Energie, Wasser	1.644,57 €	1,4 %
Personalaufwand (Löhne, Gehälter)	6.795,40 €	5,9 %
Gebäudekosten	2.964,50 €	2,6 %
Kosten für Maschinen, Geräte und Kfz	3.240,08 €	2,8 %
Versicherungen, Gebühren, Steuern, Buchführung, Beratung	1.250,06 €	1,1 %
Verwaltung	1.014,28 €	0,9 %
Werbung	624,54 €	0,5 %
Zinsaufwendungen	557,26 €	0,5 %
Sonstige Kosten	875,49 €	0,8 %
Gesamtkosten	104.386,62 €	89,9 %
Ergebnisse		
Rohergebnis (Umsatz - Wareneinsatz)	30.730,90 €	26,5 %
Gewinn (Gesamtumsatz - Gesamtkosten)	11.764,72 €	10,1 %
Kalkulatorischer Unternehmerlohn (Lohnansatz 15,- €/Akh)	19.415,00 €	16,7 %
Kalkulatorische Zinsen (Zinsansatz 5 %)	1.145,22 €	1,0 %
Kalkulatorisches Ergebnis (Gewinn - kalkulatorische Kosten)	-8.795,50 €	-7,6 %

Umsatz

Der Umsatz ist ebenso wie alle anderen Zahlenangaben netto ohne gesetzliche Umsatzsteuer dargestellt. Im Gesamtumsatz sind neben den tatsächlich erzielten Erlösen auch positive Bestandsveränderungen, Privatentnahmen und sonstige Einnahmen enthalten. Im weiteren Text ist mit Umsatz immer der so errechnete Gesamtumsatz gemeint.

Der Umsatz der verglichenen Betriebe reicht von rund 45.000,- bis 210.000,- €/Jahr. Allerdings lässt der Umsatz keine Aussagen über Gewinn und Stundenentlohnung der Unternehmerarbeitszeit zu. So erzielt der Betrieb mit der höchsten Stundenentlohnung nur einen Umsatz von etwas mehr als 80.000,- €.

Wareneinsatz und Handelsspanne

Der Wareneinsatz beträgt im Durchschnitt der Betriebe 73,5 % vom Umsatz. Die eigenerzeugten Produkte werden zu Abgabepreisen des Naturkostgroßhandels bewertet. Daraus ergibt sich ein realisierter Handelsaufschlag von 36,0 % (Berechnung: [Rohertrag/Wareneinsatz*100]). Auffallend ist, dass gerade die größeren Hofläden einen deutlich geringeren Handelsaufschlag realisieren (27,6 %). Zum einen kalkulieren diese Betriebe mit geringeren Aufschlägen, zum anderen ergeben sich auch höhere Verluste (Abschnitte bei Wurst und Käse, Ware mit überschrittenem MHD, verdorbene Frischprodukte wie Brot oder Gemüse).

Wareneinsatz

Als Zielgröße sollten Sie 66 % Wareneinsatz anstreben! Liegt der Wareneinsatz über 70 %, sind ein Gewinnbeitrag und eine angemessene Stundenentlohnung der eigenen Arbeitskraft kaum zu erzielen. Neben dem kalkuliertem Handelsaufschlag sind Verluste und Schwund entscheidende Faktoren für einen zu hohen Wareneinsatz. Je weniger Wareneinsatz, desto leichter können die sonstigen Kosten für diesen Betriebszweig angemessen gedeckt werden. Die Ursachen für einen zu hohen Wareneinsatz sollten Betriebe mit mehr als 70 % Wareneinsatz systematisch prüfen, um das Ergebnis zu verbessern. Hinweise und Checklisten dazu finden Sie im Kapitel Planung und Optimierung (siehe Seite 27 ff.).

Personalkosten

Der Anteil des Personalaufwandes für entlohnte Arbeitskräfte beträgt bei den untersuchten Hofläden durchschnittlich 6 % des Umsatzes. Wird die nicht entlohnte Unternehmerarbeitszeit berücksichtigt und pro Arbeitsstunde eine angemessene Entlohnung von 15,- € pro Stunde angesetzt (kalkulatorischer Unternehmerlohn), so steigt der Anteil der Personalkosten auf durchschnittlich 22,5 % vom Umsatz. Hier zeigt sich eine deutliche Kostendegression in Abhängigkeit von der Betriebsgröße. Bei kleineren Betrieben beträgt der Personalkostenanteil über 30 %, bei mittleren Betrieben noch knapp 28 % und in den größeren Betrieben mit über 150.000,- € Jahresumsatz weniger als 18 % des Umsatzes.

Gebäudekosten

Die durchschnittlichen Gebäudekosten liegen bei 2,6 % des Jahresumsatzes und schwanken zwischen 1,5 und 4,1 %. Bei Neubauten sind die Gebäudekosten in der Regel erheblich höher als bei Umnutzung und Umbau alter Gebäude. Außerdem sind Eigenleistungen beim Hofladenbau in dieser Auswertung nicht erfasst. Ein Betrieb hat durch einen umfangreichen Neubau Gebäudekosten von knapp 6,5 % des Umsatzes. Dieser hohe Anteil schmälert den Gewinn deutlich, er bietet allerdings auch eine moderne Verkaufseinrichtung.

Kosten für Maschinen und Einrichtung

Im Durchschnitt betragen die Kosten für Maschinen, Einrichtung und Geräte 2,8 % des Jahresumsatzes. Die meisten Betriebe liegen zwischen 2 und 3 % des Umsatzes. Betriebe, die in eine edle Ladeneinrichtung investieren, liegen auch darüber.

Sonstige Kosten

Die sonstigen Kosten betragen im Durchschnitt 5,2 %. Höhere Kosten kann es durch erhöhte Zinszahlungen sowie Aufwendungen für Büroorganisation geben. Für Werbung wenden die Betriebe nur rund 0,5 % des Umsatzes auf. Während die kleineren Hofläden fast kein Geld dafür ausgeben (nur 0,2 %), investieren die größeren Hofläden knapp 0,7 % des Umsatzes für Werbemaßnahmen. Allerdings sind spezielle Maßnahmen zur Kundengewinnung oder Kundenbindung auch in anderen Kostenblöcken enthalten. So enthält die Position Porto das Versenden von Kundenbriefen. Maßnahmen, die vorwiegend mit Arbeitszeit verbunden sind (zum Beispiel Teilnahme an Öko-Aktionstagen, Hoffeste), erhöhen die Personalkosten. Zum Vergleich: Der Naturkosthandel gab 2003 etwa 1,2 % des Umsatzes für Werbung aus.

Ihr Ziel als Hofladenbetreiber sollte sein, den gesamten Personalaufwand inklusive Ihrer eigenen, entlohnten Arbeitszeit auf maximal 25 % zu begrenzen. Liegt er darüber, so ist mit der Handelsspanne bei Zukaufsprodukten eine angemessene Entlohnung nicht zu erreichen. Sie sollten dann Ihre Arbeitsabläufe auf Effektivität überprüfen.

Der Brutto-Personalaufwand (inklusive Lohnnebenkosten) pro entlohnter Arbeitsstunde (Fremd-Akh) liegt bei etwa 9,- € je Stunde. Dabei arbeiten die größeren Hofläden mit geringerem Personalaufwand (etwa 7,- €/Stunde) als die mittleren (etwa 11,- €/Stunde).

Der Anteil der Gebäudekosten, Kosten für Maschinen und Einrichtung und sonstigen Kosten sollte unter 10 % des Umsatzes liegen. Liegen Ihre Aufwendungen deutlich darüber, gehen Sie die einzelnen Positionen durch und prüfen Sie diese auf Möglichkeiten zur Kostensenkung.

Kennzahlen

In der nachfolgenden Tabelle sehen Sie die Kennzahlen-Ergebnisse mit einer
einstufenden Beurteilung. In die Einstufung flossen zusätzlich Ergebnisse aus
dem Naturkosthandel ein. Mit Hilfe dieser Kennzahlen können die Ergebnisse
jedes Hofladenbetriebes bewertet werden. Sie ermöglichen eine gezielte Analyse der Stärken und Schwächen des Betriebszweiges.

Tabelle: Kennzahlen der neun Hofläden

Kennzahlen Gesamt	Ergebnis	Beurteilung	Einstufung		
Investition			niedrig	mittel	hoch
Investitionen in Gebäude	35.258,90 €				
Investitionen in Maschinen, Geräte, Einrichtung	18.667,77 €				
Investitionen in Maschinen, Geräte, Einrichtung je m² Verkaufsfläche	475,95 €	mittel	< 400,- €	400,- - 600,- €	> 600,- €
Umsatz und Arbeitsproduktivität			gut	mittel	schwach
Umsatz je Arbeitsstunde	53,07 €	mittel	> 60,- €	50,- - 60,- €	< 50,- €
Umsatz je Vollzeitbeschäftigte	95.529,86 €	mittel	> 110.000,- €	110.000.- - 90.000,- €	< 90.000,- €
Umsatz je m² Verkaufsfläche	2.961,37 €	niedrig	> 6.000,- €	6.000,- - 4.000,- €	< 4.000,- €
Umsatz je Kunde	20,20 €	gut	> 16,- €	16,- - 14,- €	< 14,- €
Wareneinsatz und Handelsspanne			gut	mittel	schwach
Wareneinsatz in % vom Umsatz	73,54 %	schwach	< 65 %	65 - 70 %	> 70 %
Handelsspanne	26,46 %	schwach	> 35 %	35 - 30 %	< 30 %
realisierter Handelsaufschlag	35,98 %	schwach	> 54 %	54 - 43 %	< 43 %
Kosten			gut	mittel	schwach
Personalkosten (inklusive Lohnansätze) in % vom Umsatz	22,57 %	mittel	< 20 %	20 - 25 %	> 25 %
Personalkosten Fremd-Akh	9,20 €	mittel	< 8,- €	8,- - 12,- €	> 12,- €
Gebäudekosten in % vom Umsatz	2,55 %	gut	< 3 %	3 - 4 %	> 4 %
Maschinen-, Geräte- und Kfz-Kosten in % vom Umsatz	2,80 %	mittel	< 2 %	2 - 3 %	> 3 %
Sonstige Kosten in % vom Umsatz	5,13 %	mittel	< 4 %	4 - 6 %	> 6 %
Erfolg			gut	mittel	schwach
Gewinnbeitrag des Betriebszweiges	11.764,72 €				
Gewinnrate	10,13 %				
Kalkulatorisches Ergebnis	-8.795,50 €	schwach	> 1.500,- €	-1.500,- - 1.500,- €	< -1.500,- €
Gewinn je Unternehmer Akh	8,70 €	schwach	> 17,- €	17,- - 15,- €	< 15,- €

Erfolg

Der Gewinn liegt im Schnitt aller Betriebe bei etwa 11.700,- €. Dabei unterscheidet sich das Ergebnis der kleineren Hofläden kaum von dem der größeren. Werden vom Gewinn noch die nicht entlohnte Arbeitszeit (kalkulatorischer Unternehmerlohn mit 15,- €/Stunde) und die kalkulatorischen Zinsen für das gebundene Kapital (5 %) abgezogen, so ergibt sich ein durchschnittliches kalkulatorisches Ergebnis von minus 9.000,- €. Lediglich ein Betrieb kann ein positives kalkulatorisches Ergebnis erzielen. Das bedeutet, dass die meisten Betriebe eine Entlohnung der Unternehmer-Arbeitszeit erreichen, die deutlich unter 15,- € liegt.

Investitionen

In Gebäude wurden im Mittel 35.000,- € investiert, in Maschinen und Einrichtung durchschnittlich knapp 19.000,- €. Die größeren, umsatzstarken Läden investierten etwa 500,- €/m² Verkaufsfläche, die kleineren nur die Hälfte. Dies kommt daher, dass kleinere Hofläden mit einfacheren Waagen- und Kassensystemen arbeiten, häufig gebrauchtes Inventar verwenden oder Teile der Einrichtung selbst erstellen. Bei den erzielten Umsätzen sind höhere Investitionen auch kaum rentabel. Sie sind nur sinnvoll, wenn sie eine Umsatzsteigerung bewirken. So investierte zum Beispiel ein Hofladen in einen hellen, mordernen Anbau. In Verbindung mit Werbung und Tagen der offenen Tür konnte der Betrieb die Umsätze im Hofladen innerhalb von zwei Jahren verdoppeln.

Arbeitsproduktivität

Der Arbeitszeitbedarf steigt naturgemäß mit der Umsatzentwicklung. So benötigen die großen Hofläden bei einem Umsatz von knapp 190.000,- € etwa 3.300 Arbeitsstunden im Jahr, was einem Arbeitskräftebedarf von etwa 1,8 Personen entspricht. Sie erzielen einen Umsatz von 105.000,- € pro Vollzeit-Beschäftigte. Die kleineren Hofläden liegen hier bei 86.000,- €. Auch der Umsatz pro Arbeitsstunde liegt bei den größeren Betrieben tendenziell höher. So erzielen die Hofläden bis 150.000,- € Jahresumsatz knapp 50,- €/Arbeitsstunde, während die größeren deutlich darüber liegen (57,- €/Stunde). Aber auch kleinere Hofläden können mit rationeller und effektiver Arbeitsorganisation ein Ergebnis von über 50,- €/Stunde erreichen. So erzielt zum Beispiel ein Betrieb, der nur einen Tag geöffnet hat, eine Umsatzleistung von über 55,- €/Stunde. Das Angebot besteht aus eigenem Fleisch und Wurst, zusätzlich gibt es ein breites Naturkostsortiment. An diesem einen Tag verkaufen vier Personen von früh bis abends.

Liegt der Umsatz pro Arbeitsstunde unter 50,- €, so sind ein akzeptabler Gewinnbeitrag und eine ausreichende Stundenentlohnung der eigenen Arbeitskraft kaum zu erreichen. Zum Vergleich: Im Naturkosthandel liegt die Zielgröße bei 70,- bis 100,- €. Das haben die von uns untersuchten Hofläden nicht erreicht. Teilweise war der Stundenumsatz geringer als 40,- € und führte in der Konsequenz zu negativen Ergebnissen.

Umsatz je m² Verkaufsfläche

Der Jahresumsatz je m² Verkaufsfläche liegt im Durchschnitt bei knapp 3.000,- € und reicht von 1.600,- bis 5.000,- €. Wenn dabei die im Vergleich zum Naturkosthandel geringen Öffnungszeiten von durchschnittlich 16 Stunden pro Woche berücksichtigt werden, so ist dieses Ergebnis positiv zu bewerten.

Umsatz je Verkaufsbon

Der Umsatz je Verkaufsbon liegt im Schnitt aller untersuchten Läden bei rund 19,- €. Dies ist im Vergleich zum Naturkosteinzelhandel (rund 14,- €) ein guter Wert. Die Unterschiede sind auch hier erheblich und reichten von weniger als 10,- bis mehr als 30,- €/Verkaufsbon. Hohe Kundenumsätze erzielen Hofläden mit Fleisch und Wurst als Hauptprodukt oder einer großen Zahl von Kunden, die ihren Lebensmittelbedarf vorwiegend im Hofladen decken.

Gewinn je Unternehmer-Arbeitsstunde

Der Gewinn je Unternehmer-Akh liegt im Schnitt aller Hofläden bei 8,70 €. Die Spannbreite reicht von 0,50 €/Stunde bis zu 25,- €/Stunde, die meisten liegen zwischen 7,- und 13,- €/Stunde.
Die Gewinnrate der kleineren Betriebe liegt bei etwa 22 %, die größeren erzielen lediglich 7 %. Im Durchschnitt beträgt der Gewinn etwa 10 % des Jahresumsatzes.

Die Unternehmertätigkeit ist eine Managementaufgabe. Zudem tragen Sie als Unternehmerin oder Unternehmer das Risiko für Ihren Betrieb. Deshalb sollten Sie mit Ihrem Gewinn mindestens eine Entlohnung von 15,- € pro Arbeitsstunde erzielen. Davon müssen Sie noch Ihre private Sozialabsicherung und Vorsorge bestreiten. Zudem gilt es, das eingesetzte Eigenkapital ausreichend zu verzinsen.

Analyse Marktstände

Nach wie vor ist neben der Ab-Hof-Vermarktung der Verkauf über Wochenmarktstände eine bedeutende Vermarktungsform für Bio-Direktvermarkter. Viele Verbraucher in den Städten schätzen es, keine weiten Wege zum Landwirt zurücklegen zu müssen, sondern vor Ort direkt beim Bauern einzukaufen. Seit fünf bis acht Jahren stagniert allerdings vielerorts der Absatz über Wochenmärkte oder geht sogar leicht zurück, weil die Käuferbasis bröckelt. Haben 1998 noch 55,5 % der deutschen Haushalte einen Wochenmarkt besucht, so waren es 2001 nur noch 48,4 % (ZMP, Bonn, 2002, Direktvermarktung – Fakten zum Verbraucherverhalten).

Neue Formen der Direktvermarktung wie Haushaltsbelieferung kommen den Bedürfnissen der Verbraucher nach einem bequemen und schnellen Einkauf offenbar mehr entgegen. Dennoch erzielen Marktstandbetriebe an guten Standorten und mit hervorragenden Produkten ausgezeichnete Umsätze.

Etwa 900 Bio-Betriebe in Deutschland vermarkten über einen oder mehrere regelmäßige Marktstände mit eigenem und Zukaufssortiment. Nicht berücksichtigt haben wir Betriebe, die nur unregelmäßig einen Bauern- oder Sondermarkt besuchen und an weniger als zwanzig Tagen im Jahr ihren Marktverkauf anbieten. Der Verkauf auf Wochenmärkten dürfte einen Umsatz von 100 bis 150 Mio. € im Jahr erreichen. Dies entspricht bei 900 Bio-Marktbetrieben in Deutschland einem durchschnittlichen Jahresumsatz von etwa 100.000,- bis 150.000,- €. Einige verkaufen nur einen Tag in der Woche und erzielen Umsätze zwischen 30.000,- und 70.000,- €/Jahr. Viele Betriebe haben sich auf diese Vermarktungsform spezialisiert und sind bis zu viermal in der Woche mit ihrem Marktstand unterwegs. Diese Betriebe erreichen Umsätze von rund 200.000,- €/Jahr. Darüber hinaus gibt es Betriebe, die mit mehreren Marktständen an verschiedenen Orten arbeiten, und dadurch noch weit höhere Jahresumsätze erzielen.

Angebot und Sortiment

Das Angebot eines Marktstandes richtet sich in der Regel nach dem Schwerpunkt des Betriebes. Die meisten Marktbeschicker sind Gärtner mit einem umfangreichen Gemüse- und Obstsortiment. Nicht selbst erzeugte Ware wird entweder regional oder vom Großhandel zugekauft. Daneben verkaufen viele Bio-Betriebe eigene Milchprodukte und Käse über den Wochenmarkt. Halter von Schafen und Ziegen können die Milch ihrer Tiere nicht immer an Molkereien verkaufen und nutzen für ihren Käseverkauf gerne die Direktvermarktung. Auch Hofbäckereien oder Fleisch- und Wurstanbieter verkaufen über Märkte, wenn auch in geringerem Umfang.

Wochenmarktstände sind erfolgreich, wenn:
- sie stark frequentiert sind;
- das Angebot attraktiv präsentiert wird;
- die Verkaufskräfte Ausstrahlung und Kompetenz besitzen;
- die Gestaltung und das Sortiment ansprechen;
- Frische, Qualität, Regionalität und Herkunftssicherheit der Produkte garantiert ist (Alleinstellungsmerkmale).

Ergebnisse

Grunddaten und Arbeitszeit

Die von uns untersuchten Marktstandbetriebe bilden ein breites Spektrum ab. Der Betrieb mit dem geringsten Umsatz fährt nur einmal in der Woche auf einen Markt, benötigt etwa 1.250 Arbeitsstunden pro Jahr und erzielt im Durchschnitt einen Umsatz von etwa 1.300,- € pro Markttag. Alle anderen Betriebe bedienen mindestens zweimal in der Woche einen Markt. Die Betriebe, die zwei- bis viermal pro Woche am Markt verkaufen, benötigen zwischen 1.800 und 4.500 Arbeitsstunden im Jahr. Der Betrieb mit dem höchsten Umsatz fährt zehnmal pro Woche auf Märkte.

Tabelle: Grunddaten der Marktstände
(N = 10, Durchschnittswerte)

Grunddaten	Einheit	Wert
Verkaufszeiten.	Stunde/Woche	20
Arbeitszeitaufwand	Akh/Jahr	3.870
Arbeitskräfte (umgerechnet in Vollzeit-Beschäftigte)	AK/Jahr	2,15
Kunden pro Woche	Anzahl/Woche	536
Kunden pro Jahr	Anzahl/Jahr	26.806

Betriebszweigabrechnung Wochenmärkte

Die nachfolgende Tabelle fasst den Umsatz, die Kosten und den Erfolg aller Betriebe, die Wochenmärkte beschicken, zusammen. Die einzelnen Zahlen werden im Anschluss erläutert.

Tabelle: Erfolgsrechnung der Marktbetriebe
(N = 10, Durchschnittswerte)

	Betrag	in % vom Umsatz
Umsatz		
Umsatzerlöse (netto)	221.643,24 €	97,8 %
Privatentnahmen, Sonstiges	4.921,58 €	2,2 %
Gesamtumsatz	226.564,81 €	100,0 %
Kosten		
Wareneinsatz	148.356,19 €	65,5 %
Kosten der Warenabgabe, Energie, Wasser	3.651,37 €	1,6 %
Personalaufwand (Löhne, Gehälter)	25.702,19 €	11,3 %
Gebäudekosten	689,65 €	0,3 %
Kosten für Maschinen, Geräte und Kfz	9.201,50 €	4,1 %
Versicherungen, Gebühren, Steuern, Buchführung, Beratung	3.402,79 €	1,5 %
Verwaltung	1.054,77 €	0,5 %
Werbung	513,09 €	0,2 %
Zinsaufwendungen	730,14 €	0,3 %
Sonstige Kosten	1.101,84 €	0,5 %
Gesamtkosten	194.403,52 €	85,8 %
Ergebnisse		
Rohergebnis (Gesamtumsatz - Wareneinsatz)	78.208,62 €	34,5 %
Gewinn (Gesamtumsatz – Gesamtkosten)	32.161,29 €	14,2 %
Kalkulatorischer Unternehmerlohn (Lohnansatz 15,- €/Akh)	21.815,21 €	9,6 %
Kalkulatorische Zinsen (Zinsansatz 5 %)	587,91 €	0,3 %
Kalkulatorisches Ergebnis (Gewinn - kalkulatorische Kosten)	9.758,18 €	4,3 %

Umsatz

Im Durchschnitt erzielen die zehn von uns untersuchten Marktbetriebe einen Umsatz von 225.000,- € pro Jahr, der von 70.000,- bis 780.000,- € reicht. Der durchschnittliche Umsatz pro Markttag beträgt etwa 1.100,- €. Die einzelnen Betriebe erreichen Umsätze von 700,- bis 1.800,- € je Markttag.

Wareneinsatz

Der Wareneinsatz beträgt durchschnittlich 65,5 %. Die Betriebe liegen hier alle relativ eng zusammen bei einer Spannbreite von 60 % bis 70 %. Daraus ergibt sich im Durchschnitt ein realisierter Handelsaufschlag von 52,7 %.

> Als Zielgröße sollten Sie einen Wareneinsatz von 66 % nicht überschreiten! Liegt der Wareneinsatz auf Wochenmarktständen über 70 %, ist eine angemessene Stundenentlohnung der Arbeitskräfte kaum zu schaffen.

Personalkosten

Der Anteil des Personalaufwandes für entlohnte Arbeitskräfte liegt bei über 11 % des Umsatzes. Wird die nicht entlohnte Unternehmerarbeitszeit berücksichtigt und pro Arbeitsstunde eine Entlohnung von 15,- € pro Stunde angesetzt (kalkulatorischer Unternehmerlohn), steigt der Anteil der Personalkosten auf durchschnittlich 21 % vom Umsatz. Hier zeigt sich deutlich eine Degression der Kosten: Bei den größeren Betrieben liegen die Personalkosten knapp unter 20 % des Umsatzes, während sie bei den kleineren bei nahezu 25 % liegen. Dabei arbeiten die größeren Marktstandbetriebe häufig mit fest angestelltem Personal und kommen dadurch auf durchschnittliche Brutto-Stunden-Kosten von über 12,- €/Stunde. Bei den kleineren Betrieben beträgt der Aufwand für Personal im Mittel zwischen 8,- und 9,- €/Stunde. Somit haben die größeren Betriebe trotz höherer Stundenlöhne geringere Personalkosten im Verhältnis zum Umsatz. Rationelles Arbeiten und ein hoher Umsatz pro Arbeitsstunde sind häufig entscheidender für Effizienz und damit auch für einen höheren Gewinn.

> Ihr Ziel als Unternehmer sollte sein, den gesamten Personalaufwand inklusive Ihrer eigenen entlohnten Arbeitszeit auf 20 - 25 % vom Umsatz zu begrenzen. Liegt der Anteil darüber, sollten Sie Ihre Arbeitsabläufe auf Effektivität überprüfen.

Kosten für Gebäude, Maschinen, Markteinrichtung und Kfz

Für Gebäude sind meistens keine großen Aufwendungen erforderlich. Lediglich ein Betrieb hat speziell für die Marktbeschickung ein Kühlhaus errichtet. Bei den meisten werden vorhandene Gebäude mitgenutzt. Die Kosten für Maschinen, Markteinrichtung und Kfz liegen bei allen Betrieben zwischen 3,5 und 5 % des Jahresumsatzes.

Sonstige Kosten

Die sonstigen Kosten betragen bei den größeren Betrieben weniger als 4 %, während sie bei den anderen mit etwa 7 % zu Buche schlagen. Dies liegt im Wesentlichen an den Ausgaben für Verwaltung, Buchführung, Gebühren und Werbung, die bei den größeren Betrieben im Verhältnis zum Umsatz deutlich niedriger ausfallen. Bei einigen Betrieben fällt noch der hohe Zinsaufwand mit über 1 % vom Umsatz auf.

> Den Anteil der Gebäudekosten, sonstigen Kosten und Kosten für Maschinen und Einrichtung sollten Sie unter 10 % des Umsatzes halten. Liegen Ihre Aufwendungen deutlich darüber, gehen Sie die einzelnen Positionen durch und prüfen Sie diese auf Möglichkeiten zur Kostensenkung!

Kennzahlen der zehn Marktbetriebe

In der nachfolgenden Tabelle sehen Sie die Kennzahlen-Ergebnisse mit einer einstufenden Beurteilung. Diese erfolgte anhand der hier ermittelten Ergebnisse. Zusätzlich flossen Ergebnisse des Naturkosthandels in die Einstufung mit ein. Mit Hilfe dieser Kennzahlen können die Ergebnisse jedes Marktstandbetriebes bewertet werden. Dies ermöglicht eine gezielte Analyse der Stärken und Schwächen des Betriebszweiges.

Tabelle: Kennzahlen der zehn Marktbetriebe

Investition	Ergebnis	Beurteilung	Einstufung		
Investitionen in Maschinen, Geräte, Einrichtung und Kfz	30.011,- €				
Investitionskosten in Maschinen, Geräte, Einrichtung und Kfz je Vollzeitbeschäftigter	13.957,- €				
Umsatz und Arbeitsproduktivität			gut	mittel	schwach
Umsatz je Arbeitsstunde	54,83 €	mittel	>60,- €	50,- - 60,- €	< 50,- €
Umsatz je Vollzeitbeschäftigte	98.690,- €	mittel	>110.000,- €	110.000,- - 90.000,- €	< 90.000,- €
Umsatz je Kunde + Bon	8,61 €	mittel	> 9,- €	9,- - 7,- €	< 7,- €
Wareneinsatz und Handelsspanne			gut	mittel	schwach
Wareneinsatz in % vom Umsatz	65,5 %	mittel	< 65 %	65 % - 70 %	> 70 %
Handelsspanne	34,5 %	mittel	> 35 %	35 % - 30 %	< 30 %
realisierter Handelsaufschlag	52,7 %	mittel	> 54 %	54 % - 43 %	< 43 %
Kosten			gut	mittel	schwach
Personalkosten (inklusive Lohnansätze) in % vom Umsatz	21,0 %	mittel	< 20 %	20 - 25 %	> 25 %
Personalkosten/Fremd-Akh	9,60 €	mittel	< 9,- €	9,- - 14,- €	> 14,- €
Gebäudekosten in % vom Umsatz	0,3 %	gut	< 1 %	1 - 3 %	> 3 %
Maschinen- und Kfz-Kosten in % vom Umsatz	4,1 %	mittel	< 3 %	3 - 5 %	> 5 %
Sonstige Kosten in % vom Umsatz	4,6 %	mittel	4 %	4 - 6 %	> 6 %
Erfolg			gut	mittel	schwach
Gewinnbeitrag des Betriebszweiges	32.161,- €				
Gewinnrate	14,2 %				
Kalkulatorisches Ergebnis	9.758,- €	gut	> 1.500,- €	-1.500,- - 1.500,- €	< -1.500,- €
Gewinn je Unternehmer Akh	21,85 €	gut	> 17,- €	17,- - 15,- €	<15,- €

Erfolg

Der Gewinnbeitrag des Betriebszweiges Wochenmarkt liegt im Schnitt aller Betriebe bei etwa 32.000,- €. Die umsatzstärkeren Betriebe erzielen deutlich höhere Gewinne als die kleineren. Werden vom Gewinn noch die nicht entlohnte Arbeitszeit (kalkulatorischer Unternehmerlohn) und die kalkulatorischen Zinsen für das gebundene Kapital abgezogen, so ergibt sich ein kalkulatorisches Ergebnis von durchschnittlich 9.700,- €. Die Spannbreite reicht hier von minus 18.000,- bis plus 70.000,- €. Drei Betriebe hatten ein negatives, sieben ein positives Ergebnis.

Umsatz und Arbeitsproduktivität

Der Umsatz je Kunde beträgt im Schnitt aller Marktbetriebe 8,60 € mit einer geringen Bandbreite von 7,- bis 10,- €. Dies ist natürlich deutlich weniger als bei Hofläden (über 18,- €), da das Marktangebot in der Regel kein Vollsortiment umfasst. Hier beschränken sich die Anbieter weitgehend auf ihre eigenen Erzeugnisse und ein passendes Teilsortiment, das sie durch Zukauf ergänzen. Der Anteil der selbst erzeugten Produkte am Warenumsatz liegt bei nahezu allen Betrieben zwischen 50 % und 70 % und damit deutlich höher als in den Hofläden.

Der Umsatz pro Vollzeit-Beschäftigtem beträgt durchschnittlich 100.000,- €. Sechs Betriebe liegen zwischen 80.000,- und 100.000,- €, zwei Betriebe unter 80.000,- € und zwei Betriebe über 120.000,- € pro Arbeitskraft. Die beiden Betriebe mit mehr als 120.000,- € Umsatz pro Arbeitskraft erzielen insgesamt die höchsten Jahresumsätze.

Auch der Umsatz pro Arbeitsstunde liegt bei den umsatzstärkeren Betrieben höher. So erzielen diese Marktbetriebe fast 70,- €/Akh, während die kleineren mit rund 47,- €/Akh deutlich darunter liegen. Aber auch kleinere Marktbetriebe können mit rationeller Arbeitsorganisation einen Umsatz von mehr als 50,- € pro Arbeitsstunde erzielen.

Liegt der Umsatz pro Arbeitsstunde unter 50,- €, so sind ein Gewinnbeitrag und eine angemessene Stundenentlohnung der eigenen Arbeitskraft nur schwer zu erreichen. Bei den von uns untersuchten Betrieben konnten drei diese Zielgröße nicht erreichen. Fünf lagen zwischen 50,- und 60,- € Umsatz pro Arbeitsstunde und damit im mittleren Bereich. Zwei Betriebe erzielten mehr als 65,- € Umsatz pro Stunde und waren damit im Ergebnis auch die erfolgreichsten.

Investitionen

Die Gesamtinvestitionen variieren zwischen 7.000,- und 82.000,- €. Pro Vollzeitbeschäftigten werden zwischen 6.500,- und 33.500,- € investiert. In der Regel kann durch gezielte Investitionen in einen Marktstand oder Markthänger eine effizientere Marktbeschickung mit relativ geringem Arbeitsaufwand erfolgen. Unsere Ergebnisse zeigen, dass drei von den vier Betrieben mit der geringsten Investitionssumme pro Vollzeitbeschäftigtem auch den geringsten Umsatz pro Arbeitsstunde erzielen. Er liegt teilweise deutlich unter 50,- €; dies könnte darauf hinweisen, dass geringe Investitionen die Arbeitsproduktivität nicht gerade fördern.

Gewinn pro Arbeitskraftstunde und Gewinnrate

Der Gewinn je Unternehmer-Akh liegt im Schnitt aller Betriebe bei mehr als 21,- €. Die Spannbreite reicht von 7,- bis zu 70,- €/Stunde. Diesen hohen Stundengewinn erzielt allerdings ein Betrieb, bei dem der Betriebsleiter nur 500 Stunden pro Jahr in der Vermarktung tätig ist. Die meisten liegen zwischen 14,- und 30,- €/Stunde. Die Gewinnrate beträgt im Durchschnitt aller Betriebe 14,2 % bei einer Spannbreite von 12 bis 18 %.

Unternehmertätigkeit im Wochenmarktverkauf ist eine Managementaufgabe; zudem tragen Sie das Risiko für Ihren Betrieb. Deshalb sollten Sie mit Ihrem Gewinn eine Entlohnung von mindestens 15,- € pro Arbeitsstunde erzielen. Davon müssen Sie noch Ihre private Sozialabsicherung und Vorsorge bezahlen. Zudem gilt es, das eingesetzte Eigenkapital ausreichend zu verzinsen.

Analyse Abo-Kisten-Betriebe

Der Abo-Kisten-Vertrieb oder Lieferdienst als Direkt-vermarktungsform landwirtschaftlicher Betriebe wurde ursprünglich von Bio-Höfen aufgebaut und entwickelt; auch heute steht hinter den meisten Abo-Betrieben noch ein Hof oder eine Gärtnerei. Daneben gibt es aber auch Abo-Kisten-Anbieter und Lieferdienste, die unabhängig von einem landwirtschaftlichen Betrieb entstanden sind, also als reine Händler fungieren. Diese Betriebe stehen aber in der Regel in einer sehr engen Beziehung zu regionalen Erzeugern und nutzen den Regionalitätsaspekt in ihrer Werbung. Alle untersuchten Abo-Betriebe werden als eigenständiger Gewerbebetrieb geführt; über die Hälfte betreibt daneben auch noch einen Wochenmarkt oder einen Hofladen.

Nach unseren Berechnungen dürften in Deutschland alle Bio-Abo-Betriebe zusammen einen Jahresumsatz von circa 150 Mio. Euro erzielen (ZMP, Ökomarkt-Jahrbuch 2006). Bei 350 Bio-Abo-Kisten-Betrieben liegt der durchschnittliche Umsatz also bei etwa 400.000,- € pro Betrieb.

Angebot und Sortiment

Ein Lieferdienst bietet eine Kombination aus Dienstleistung – Belieferung von Lebensmitteln bis an die Haustür – und einem attraktiven Sortiment von Bio-Lebensmitteln.

Zu Beginn der Abo-Kisten-Vermarktung (Ende der 80er Jahre) waren es nur Gemüse und Obst, die an die Haushalte geliefert wurden. Doch schon wenig später wurden auch Brot, Eier und andere Hofprodukte, zum Beispiel Käse und Wurst, mitgeliefert. Heute können die Kunden fast die gesamte Angebotspalette des Naturkosthandels über diesen Vertriebsweg erhalten. Anfangs informierten Listen auf Zetteln über zusätzliche Bestellmöglichkeiten. Später wurden daraus kleine Kataloge, die ein bis zweimal im Jahr mit in die Kisten gelegt werden. Inzwischen bieten viele Betriebe ihre Sortimentslisten und Sonderangebote auf ihrer Homepage an, und die Kunden können ihre Bestellungen auch per E-Mail oder online erledigen.

Mit einem erweiterten Sortiment stehen die Abo-Kistler heute vor dem technischen Problem, einige Produkte, zum Beispiel Milch und Fleisch, **gekühlt transportieren** zu müssen. Hierfür haben die Unternehmer unterschiedliche Strategien entwickelt: Manche installieren mobile Kühlgeräte auf dem Beifahrersitz oder auf der Ladefläche, andere gehen dazu über, komplett in Kühlfahrzeugen auszuliefern. Eine einfachere Variante sind verschließbare und isolierte Kühlkisten, gegebenenfalls aus dem Campingzubehör.

Einige Lieferdienste bieten sogar **Tiefkühlprodukte** an. Die Gefriertemperatur der Ware von –18 °C bewerkstelligen sie während des Transportes durch spezielle mobile Tiefkühltruhen, die von einigen Campingausrüstern angeboten werden. Allerdings ist dieses Angebot nicht unproblematisch. Denn Tiefkühlprodukte stellen nicht nur sehr hohe Anforderungen an den Transport, sondern setzen auch voraus, dass die Ware von den Kunden direkt in Empfang genommen wird, damit sie umgehend in die private Gefriertruhe gelangt. Da dies nicht immer gegeben ist, sind Tiefkühlprodukte derzeit eher eine Ausnahme im Angebot der Abo-Kisten-Anbieter.

Eine ebenfalls jüngere Entwicklung ist das Angebot von **kleineren Gebinden** beim Obst und Gemüse. Sie sind für Single-Haushalte geeignet, für die zum Beispiel ein großer Blumenkohl zu viel ist. Außerdem steigern viele kleinere Gemüse- und Obstportionen die optische Attraktivität der Kiste. Zahlreiche Produkte, wie Feldsalat, Bohnen oder Pilze, werden in kleinen Einheiten, zum Beispiel à 100 Gramm, vorverpackt. Einige Gemüsebau-Betriebe und Bio-Großhändler haben sich auf die besonderen Bedürfnisse der Abo-Betriebe eingestellt und achten besonders auf geeignete Größen und Sorten.

Ein Problem bei der Auslieferung sind die **Feiertage.** Manche Anbieter versuchen, die Feiertage durch Extraschichten davor oder danach aufzufangen, andere liefern auch an Feiertagen aus. Die Belieferung an Feiertagen ist rechtlich zulässig. Der Abo-Kisten-Vertrieb ist kein Reisegewerbe, da es von einer Betriebsstätte aus ausgeübt wird.

Weitere Informationen finden Sie im Kapitel „Planung und Optimierung" unter Baustein 5, Seite 36 ff.

Erfolgsfaktoren für Abo-Kisten-Betriebe:

·   möglichst kaufkräftige Haushalte als Kunden,
·   hohe Kundendichte im Liefergebiet,
·   ansprechende Prospekte,
·   guter Telefon- und Internet-Service,
·   attraktives, breites Angebotssortiment mit saisonalen Besonderheiten,
·   professionelle Belieferung mit soliden Fahrzeugen und freundlichen Fahrern,
·   Frische, Qualität, Regionalität und Herkunftssicherheit der Produkte.

Personal und Arbeitsorganisation

Die Personalstruktur in Betrieben mit Abo-Kisten-Vermarktung unterscheidet sich in vielen Fällen deutlich von den sonstigen direktvermarktenden Bio-Betrieben. Bei Abo-Kisten-Betrieben gibt es weniger mitarbeitende Familienangehörige und deutlich mehr Lohn-Arbeitskräfte. Der Grund dürfte im Strukturwandel liegen: Abo-Kisten-Betriebe entwickeln sich durch Zukaufprodukte immer stärker zu Handelsunternehmen.

Bei sechs der neun untersuchten Betriebe ist die Abo-Kisten-Vermarktung aus kleineren Gemüsebaubetrieben hervorgegangen, bei denen sich die Kisten-Vermarktung schnell zu einem sehr bedeutenden Betriebszweig entwickelt hat. Mit zunehmender Arbeitsbeanspruchung wurden hierfür oft Arbeitskräfte eingestellt. Leitungskräfte organisieren relativ selbstständig den Vertrieb, Aushilfskräfte sind für das Packen und für die Auslieferung der Kisten verantwortlich.

Ergebnisse

Grunddaten und Arbeitszeit

Grundlage der Analyse waren sowohl die Zahlen aus den Buchabschlüssen als auch die Angaben der Betriebsleiter. Zur Bestimmung der Arbeitszeit werden auch bei diesem Betriebszweig sämtliche Arbeitszeiten berücksichtigt, die der Abo-Kisten-Vermarktung zugerechnet werden können. Der Anteil der Bürotätigkeiten liegt hier deutlich höher als bei den Betrieben mit Hofladen oder Marktstand. Zudem wird ein Großteil der Zeit für das Packen und für die Auslieferung benötigt. Der Arbeitszeitaufwand liegt in einem sehr großen Spektrum zwischen 1.600 und 18.800 Arbeitsstunden je Betrieb; im Durchschnitt sind es 8.025 Akh/Jahr.

Die Abo-Kisten-Vermarktung bindet somit im Vergleich zum Hofladen und Marktverkauf erheblich mehr Arbeitskapazitäten. Dafür werden bei dieser Form die vergleichsweise höchsten Betriebsumsätze pro Jahr erzielt.

Tabelle: Grunddaten Abo-Betriebe
(N = 9, Durchschnittswerte)

Grunddaten	Einheit	Wert
Arbeitszeitaufwand gesamt	Akh/Jahr	8.025
Arbeitskräfte (umgerechnet in Vollzeit-Beschäftigte)	AK/Jahr	4,5
Regelmäßige Kunden	Zahl der Kunden	500
Gelieferte Kisten pro Woche	Kisten/Woche	323
Gelieferte Kisten pro Jahr	Kisten/Jahr	16.385

Betriebszweigabrechnung Abo-Betriebe

Die nachfolgende Tabelle fasst Umsatz, Kosten und Erfolg der untersuchten Abo-Betriebe zusammen. Die einzelnen Zahlen werden im Anschluss erklärt.

Tabelle: Erfolgsrechnung von neun Abo-Betrieben,
(N = 9, Durchschnittswerte)

	Betrag	in % vom Umsatz
Umsatz		
Umsatzerlöse (netto)	317.233,57 €	98,6 %
Privatentnahmen, Sonstiges	4.397,46 €	1,4 %
Gesamtumsatz	321.631,03 €	100,0 %
Kosten		
Wareneinsatz	201.077,11 €	62,5 %
Kosten der Warenabgabe, Energie, Wasser	610,57 €	0,2 %
Personalaufwand (Löhne, Gehälter)	53.051,12 €	16,5 %
Gebäudekosten	5.420,30 €	1,7 %
Kosten für Maschinen, Geräte und Kfz	17.451,99 €	5,4 %
Versicherungen, Gebühren, Steuern, Buchführung, Beratung	2.719,61 €	0,8 %
Verwaltung	5.765,89 €	1,8 %
Werbung	4.732,46 €	1,5 %
Zinsaufwendungen	672,03 €	0,2 %
Sonstige Kosten	4.341,47 €	1,3 %
Gesamtkosten	295.842,55 €	92,0 %
Ergebnisse		
Rohergebnis (Gesamtumsatz - Wareneinsatz)	120.553,92 €	37,5 %
Gewinn (Gesamtumsatz - Gesamtkosten)	25.788,48 €	8,0 %
Kalkulatorischer Unternehmerlohn (Lohnansatz 15,- €/Akh)	30.450,- €	9,5 %
Kalkulatorische Zinsen (Zinsansatz 5 %)	3.221,23 €	1,0 %
Kalkulatorisches Ergebnis (Gewinn – kalkulatorische Kosten)	-7.882,75 €	-2,5 %

Umsatz

Im Durchschnitt erzielen die neun Abo-Betriebe dieser Untersuchung einen Umsatz von 321.631,- €, bei einer Spanne von 40.000,- bis 642.500,- €. Sie liefern 70 bis 750 Kisten pro Woche aus. Zum Umsatz zählen zudem Liefergebühren der Kunden, Privatentnahmen und sonstige Einnahmen. Es gibt inzwischen eine Reihe von Betrieben – meist reine Handels-Betriebe – mit Kisten-Abonnements, die deutlich höhere Umsätze erzielen.

Wareneinsatz

Der Wareneinsatz im Verhältnis zum Umsatz ist geringer als bei Hofläden und Marktständen und beträgt durchschnittlich 62,5 %. Das Abo-Kisten-System ist aufwändig und erfordert entsprechend höhere Handelsaufschläge. Preisaufschläge von 100 % und mehr sind bei zahlreichen Frischprodukten in der Abo-Kisten-Vermarktung keine Seltenheit.

Als Zielgröße sollten Sie als Anbieter von Abo-Kisten einen Wareneinsatz von 60 % nicht überschreiten! Liegt der Wareneinsatz deutlich über 66 %, sind ein ausreichender Gewinnbeitrag und eine angemessene Stundenentlohnung bei dieser Vermarktungsform kaum zu erzielen.

Personalkosten

Bei der Beurteilung des Personalaufwandes sind sowohl die entlohnten Arbeitsstunden als auch die Unternehmerarbeitszeiten zu berücsichtigen. Durchschnittlich wird für Fremdarbeitskräfte bei den Abo-Kisten-Betrieben ein Stundensatz von 8,85 € gezahlt. Dieser Wert resultiert aus einem großen Anteil von Aushilfs- und Anlernkräften bei den Fahr- und Packarbeiten. Für leitende Bürotätigkeiten liegt die Arbeitsentlohnung bei über 10,- €. Die nicht entlohnte Unternehmer-Arbeitszeit wird pro Arbeitsstunde mit einem kalkulatorischen Unternehmerlohn von 15,- € bewertet.
Werden unter diesen Prämissen sämtliche Personalkosten zusammengefasst, so machen sie rund 26 % des Umsatzes aus. Auffällig ist, dass in der mittleren Umsatzgruppe (225.000,- bis 350.000,- €) der Personalkostenanteil mit 27 % am höchsten war.

Im Abo-Kisten-Betrieb sollten Sie anstreben, den gesamten Personalaufwand inklusive der Unternehmer-Arbeitszeit auf 25 % des Umsatzes zu begrenzen. Wenn der Anteil darüber liegt, sollten Sie Ihre Arbeitsabläufe auf Effizienz überprüfen.

Kosten für Gebäude, Maschinen, Einrichtung und Kfz

Die **Gebäudekosten** (Miete oder Abschreibung, Unterhaltung) liegen im Mittel
der Betriebe bei 1,7 % des Umsatzes, durchschnittlich bei 5.420,- € pro Jahr.
Maschinenkosten entstehen für Fahrzeuge, Computersysteme inklusive Com-
puterprogramme, Büroeinrichtung mit moderner Telefonanlage, Drucker, Fax,
Packstation mit EDV-Waagenanbindung, Kühleinrichtungen, Kisten und sonstige diverse Geräte. Im Durchschnitt investierten die Betriebe 41.597,- €.
Die Abschreibungen für Maschinen ohne Kfz liegen bei durchschnittlich
3.286,- €. Das gesamte Investitionsvolumen dafür beträgt 14.991,- €. Viele
elektronische Geräte werden auf drei Jahre abgeschrieben, Waagen auf fünf
Jahre, Büro- und Kühleinrichtungen auf acht oder zehn Jahre. Die Kosten für
die Unterhaltung der Maschinen belaufen sich auf 1.856,- €.
Der größte Kostenblock sind die **Fahrzeugkosten**. Im Durchschnitt der neun
Betriebe wurden hierfür 26.606,- € investiert. Zur Abschreibung müssen noch
Unterhaltung, Reparaturen und Treibstoffkosten hinzugerechnet werden.
Daraus entstehen durchschnittliche Fahrzeugkosten in Höhe von 12.309,- €.
Einige Abo-Kisten-Betriebe lagern den Kistentransport aus, indem sie mit
Speditionen kooperieren.

Sonstige Kosten

Zu den sonstigen Kosten zählen (mit den Durchschnittswerten und zugehöri-
gen Prozentwerten):

· allgemeine Energiekosten (611,- € = 0,2 %) für Strom und Heizung, zum
  Beispiel für Kühlung und Büro;
· Versicherungen, Gebühren, Steuern (861,- € = 0,3 %);
· Buchführung, Beratung, Verwaltung (7.624,- € = 2,4 %): Die Buchführung
  ist häufig ein ganz erheblicher Kostenfaktor. Vergleichen Sie die Angebote
  verschiedener Steuerberatungsbüros. Achten Sie darauf, möglichst zeitnah
  Ihre betriebswirtschaftlichen Zahlen zu erhalten;
· Werbung und Verpackung (4.732,- € = 1,5 %). Neue Kunden gewinnt man
  am besten mit ansprechend gestalteten Informations-Werbeblättern, die
  gezielt im Umfeld bestehender Kunden verteilt werden, zum Beispiel durch
  die Fahrer oder mit Aktionen wie „Kunden werben Kunden";
· Zinsaufwendungen (672,- € = 0,2 %);
· anderweitige Kosten (4.341,- € = 1,3 %).

Kennzahlen von neun Abo-Kisten-Betrieben

In der nachfolgenden Tabelle sehen Sie die Ergebnisse in Kennzahlen inklusive einer Bewertung. Diese erfolgte anhand der hier ermittelten Ergebnisse. Mit Hilfe dieser Kennzahlen können Sie die Ergebnisse Ihres Abo-Kisten-Betriebes beurteilen und bewerten. Dies ermöglicht eine gezielte Analyse der Stärken und Schwächen Ihres Betriebszweigs.

Tabelle: Kennzahlen von neun Abo-Betrieben

	Ergebnis	Beurteilung	Einstufung		
Investition			niedrig	mittel	hoch
Gesamtinvestitionen pro Vollzeitbeschäftigte	9.330,07 €				
Investitionen in Maschinen, Geräte, Kfz je ausgelieferter Kiste	128,40 €	niedrig	< 100,- €	100,- - 200,- €	> 200,- €
Umsatz und Arbeitsproduktivität			gut	mittel	schwach
Umsatz je Arbeitsstunde	40,08 €	schwach	> 60,- €	60,- - 50,- €	< 50,- €
Umsatz je Vollzeitbeschäftigte	72.141,54 €	schwach	> 110.000,- €	110.000,- - 90.000,- €	< 90.000,- €
Umsatz je Abo-Kiste	19,92 €	mittel	> 22,- €	22,- - 16,- €	< 16,- €
Umsatz je Kunde/Jahr	643,26 €	mittel	> 650,- €	650,- - 550,- €	< 550,- €
Wareneinsatz und Handelsspanne			gut	mittel	schwach
Wareneinsatz in % vom Umsatz	62,52 %	mittel	< 60 %	60 - 66 %	> 66 %
Handelsspanne	37,48 %	mittel	> 40 %	40 - 34 %	< 34 %
realisierter Handelsaufschlag	59,95 %	mittel	> 67 %	67 - 51 %	< 51 % Kosten
			gut	mittel	schwach
Personalkosten (inklusive Lohnansätze) in % vom Umsatz	25,96 %	schwach	< 20 %	20 - 25 %	> 25 %
Personalkosten/Fremd-Akh	8,85 €	mittel	< 8,- €	8,- - 12,- €	> 12,- €
Gebäudekosten in % vom Umsatz	1,69 %	mittel	< 1 %	1 - 3 %	> 3 %
Maschinen- und Kfz-Kosten in % vom Umsatz	5,43 %	mittel	< 5 %	5 - 7 %	> 7 %
Sonstige Kosten in % vom Umsatz	5,86 %	mittel	< 4 %	4 - 6 %	> 6 %
Erfolg			gut	mittel	schwach
Gewinnbeitrag des Betriebszweiges	25.788,48 €				
Gewinnrate	8,0 %				
Kalkulatorisches Ergebnis	-7.882,73 €	schwach	> 1.500,- €	-1.500,- - 1.500 €	< -1.500 €
Gewinn je Unternehmer-Akh	12,70 €	schwach	> 17,- €	17,- - 15,- €	< 15,- €

Erfolg

Der Gewinnbeitrag liegt im Schnitt aller Abo-Kisten-Betriebe bei knapp 26.000,- €. Zieht man hiervon den kalkulatorischen Unternehmerlohn für nicht entlohnte Arbeitszeit und die kalkulatorischen Zinsen für das gebundene Kapital ab, so ergibt sich ein negatives kalkulatorisches Ergebnis.
Der Gewinn je Unternehmer-Akh liegt im Schnitt aller von uns untersuchten Abo-Kisten-Betriebe bei 12,79 €. Die Spannbreite reicht von 0,50 bis zu 31,- €/Stunde. Die Gewinnrate beträgt im Durchschnitt aller Betriebe 8 % bei einer Spannbreite von 2 bis 18 %.
Im Durchschnitt der Betriebe liegt der Umsatz je Arbeitsstunde bei 40,08 €. Die Spanne reicht von 24,60 € bei kleineren Betrieben bis zu 61,35 € bei einem umsatzstarken Betrieb. Liegt der Umsatz je Arbeitsstunde unter 50,- €, so ist ein angemessener Gewinnbeitrag kaum zu erreichen.

Analyse – das Wichtigste in Kürze

Als **Fazit** lässt sich sagen, dass die Direktvermarktung nicht immer rentabel betrieben wird. Besonders aussagekräftige Kennzahlen bei der Erfolgsbeurteilung sind die beiden Kennzahlen „Wareneinsatz" und „Umsatz pro Arbeitsstunde". Oft dient die Direktvermarktung dazu, die eigene Landwirtschaft und Verarbeitung zu unterstützen. Ausgaben für Werbung und Kundengewinnung kommen deshalb nicht nur der Direktvermarktung, sondern auch der Landwirtschaft oder der Hofverarbeitung zugute, deren Absatz zu guten Preisen gesichert ist. Die Direktvermarktung gewährleistet eine Abnahmegarantie für verarbeitete Produkte wie Brot, Käse oder Wurst. Häufig ist die Direktvermarktung ein sinnvoller Betriebszweig, der das Einkommen des landwirtschaftlichen Betriebs insgesamt erhöhen kann.
Die Erfolgsunterschiede zeigen aber auch, dass noch viel Potential in der Direktvermarktung vorhanden ist und eine gezielte betriebswirtschaftliche Auswertung Stärken und Schwächen aufdecken kann. Die folgenden Kapitel stellen Ihnen ein EDV-Programm sowie weitere Hilfen vor, mit denen Sie Ihre Direktvermarktung analysieren und optimieren können.

Analyse und Optimierung per Mausklick

Die Direktvermarktung kann das Einkommen von landwirtschaftlichen Betrieben stabilisieren und verbessern. Die Erfolgsunterschiede in der Praxis zeigen, dass in manchen Betrieben noch viel ungenutztes Potential steckt. Durch eine gezielte betriebswirtschaftliche Analyse kann dies erkannt und ausgenutzt werden.

Mit dem Programm „Analyse Direktvermarktung", das wir auf der Basis einer Tabellenkalkulation für Sie erstellt haben, können Sie Ihren Betrieb ohne großen Aufwand analysieren. Das Programm ist auf der beiliegenden CD unter dem Namen „Analyse_Direktvermarktung.xls" gespeichert. Lesen Sie bitte vor dem Öffnen des Programms die Benutzerhinweise, diese finden Sie in der Datei „Benutzerhinweise_Direktvermarktung.pdf". Um das Programm starten zu können, müssen Sie gegebenenfalls Makros aktivieren.

Beim Öffnen des Programms erscheint auf dem Bildschirm die Übersicht rechts. Zur Datenerfassung und Analyse stehen Ihnen acht verschiedene Tabellenblätter zur Verfügung. Per Mausklick gelangen Sie zum entsprechenden Tabellenblatt.

Analyse verschiedener Vermarktungswege

Mit dem Programm können Sie Ihren Hofladen, Wochenmarktstand oder Abo-Kisten-Lieferdienst analysieren. Die Auswahl (siehe oben) für den gewünschten Vermarktungszweig treffen Sie durch Anklicken des entsprechenden Kästchens auf Blatt 1 „Betriebsaufnahme, Grunddaten". Das Ergebnis Ihrer Analyse können Sie in einer separaten Datei speichern und so die Entwicklung Ihres eigenen Betriebes verfolgen oder mit den Ergebnissen anderer Betriebe vergleichen.

Buchführung und weitere Daten

Sie geben in das Programm die Ergebnisse Ihrer Buchführung und weitere Daten Ihrer Direktvermarktung ein. Zusätzlich benötigt das Programm Daten zur Arbeitszeit und zur Maschinen- und Geräteausstattung Ihrer Direktvermarktung. Die Auswertung erfolgt im Tabellenblatt „Betriebszweigabrechnung" bis zum Gewinn und zum kalkulatorischen Ergebnis des Betriebszweiges.

Die wichtigsten Erfolgsgrößen der Betriebszweigabrechnung haben wir Ihnen im Kapitel „Analyse der Direktvermarktung" bereits vorgestellt. Die Vergleichszahlen helfen Ihnen dabei, Stärken und Schwächen im eigenen Betrieb zu erkennen und Ansatzpunkte für Verbesserungen zu finden.

Vergleichen und optimieren

Mit dem Programm können Sie die Kennzahlen für Ihren
Betrieb errechnen. Im Tabellenblatt „Kennzahlen" werden
diese dann zusammengefasst und bewertet. Die Bewertung „gut", „mittel" oder „schwach" erfolgt auf der Basis
von Vergleichswerten. Für diese Vergleichswerte ist eine
Bandbreite im Programm angegeben. Die Vergleichswerte
beruhen auf den Ergebnissen dieser Untersuchung, Erfah-
rungswerten von direktvermarktenden Betrieben und
aus dem Naturkosthandel. Die Tabelle zeigt beispielhaft
einige Kennzahlen des Hofladens Schulze.

Kennzahlen von Hofladen Schulze – Ausschnitt

Investitionen in Maschinen, Geräte, Einrichtung pro m² Verkaufsfläche	650,00 €	hoch	<	400 €	400 €	-	600 €	>	600 €
Umsatz und Arbeitsproduktivität				**gut**		**mittel**		**schwach**
Umsatz je Arbeitsstunde	55,00 €	mittel	>	60 €	60 €	-	50 €	<	50 €
Umsatz je Vollzeitbeschäftigte	101.500,00 €	mittel	>	110.000 €	110.000 €	-	90.000 €	<	90.000 €
Umsatz je m² Verkaufsfläche bei täglicher Öffnung	6.225,00 €	gut	>	6.000 €	6.000 €	-	4.000 €	<	4.000 €
Umsatz je Bon	12,25 €	schwach	>	16 €	16 €	-	14 €	<	14 €
Wareneinsatz und Handelsspanne				**gut**		**mittel**		**schwach**
Wareneinsatz in % vom Umsatz	64,30%	gut	<	65%	65%	-	70%	>	70%

Die Vergleichszahlen helfen Ihnen dabei, in Ihrem Betrieb
Besonderheiten und Abweichungen aufzudecken. Wenn
einzelne Ergebnisse Ihres Betriebes deutlich über oder
unter den Vergleichswerten liegen, müssen nicht automatisch Mängel vorliegen. Abweichungen können oftmals
durch den Standort, die besondere Produktpalette oder
andere Gründe erklärt werden. Der Vergleich gibt Ihnen
aber zahleiche Hinweise zu Besonderheiten, Stärken und
Schwächen Ihres Betriebes. Wenn Sie die Abweichungen
als Herausforderung für die Weiterentwicklung und Optimierung Ihres Betriebes ansehen, haben Sie den ersten
Schritt getan, um künftig ein noch besseres Ergebnis zu
erreichen. Somit liefert das Programm „Analyse Direktvermarktung" die Grundlage für die darauf aufbauende
Neuplanung oder Optimierung Ihrer Direktvermarktung,
wie sie im folgenden Kapitel beschrieben wird.

Planung und Optimierung

Planen bedeutet, Entscheidungen für die Zukunft zu treffen. Dabei spielen die Betriebsgegebenheiten und die Möglichkeiten der Beteiligten eine große Rolle. Die folgende Systematik befasst sich sowohl mit Überlegungen für die Erweiterung und Optimierung von bestehenden Direktvermarktungsbetrieben als auch mit der Neugründung einer Direktvermarktung. Zwei Instrumente stehen dabei im Zentrum:
·   ein individueller Geschäftsplan sowie
·   eine gezielte Beratung bei der Neueinrichtung und Optimierung.

Direktvermarktung erweitern und optimieren

In der Betriebswirtschaft gibt es für Handelsbetriebe, grob formuliert, drei Stellschrauben, um das Betriebsergebnis zu verbessern:
1. Steigerung des Umsatzes,
2. Erhöhung der Handelsspanne (Marge),
3. Reduzierung der Kosten.

Steuerungsinstrumente

Überprüfen Sie Ihren Betrieb anhand der nachfolgenden Checkliste und vergleichen Sie die Ergebnisse mit Daten aus diesem Buch und von ähnlichen Betrieben. So finden Sie Ansatzpunkte für Verbesserungen bei Umsätzen und Kosten.

· Produkte, Sortiment verbessern

Für frische und makellose Ware bezahlen Kunden gerne auch einen höheren Preis. Überprüfen Sie daher die Qualität der eigenen Erzeugnisse und denken Sie gegebenenfalls über Verbesserungsmöglichkeiten im Anbau und in der Lagerung nach. Durch marktgerechte Aufbereitung zum Beispiel des Gemüses und ansprechende Präsentation der Waren können Sie den Absatz verbessern. Heben Sie eigene und regionale Produkte besonders hervor und nutzen Sie Renner-/Penner-Listen des Großhandels.

· Technische Ausstattung optimieren

Eine gute Innen-Beleuchtung, effiziente Kassen-Waagen-Systeme, bargeldlose Zahlungsmöglichkeit, PC-gestützte Bestellmöglichkeiten (zum Beispiel mit PALM) erleichtern Ihnen die Arbeit und sprechen die Kunden an. Eine gut funktionierende Kühlanlage sorgt länger für frische Ware. Ihre Außenwerbung sollte ansprechend und gut beleuchtet sein.

· Arbeitsabläufe optimieren

Prüfen und formalisieren Sie Arbeitsabläufe, delegieren Sie nach Möglichkeit Routine-Tätigkeiten. Die Ausbildung und Anleitung der Beschäftigten ist ein wesentlicher Erfolgsfaktor. Legen Sie die Produktvielfalt oder -begrenzung und den Zukauf von Produkten fest. Geregelte Arbeitszeiten und Pausen sind ein Muss.

· Gebäude-, Raum- und Funktionsplan erstellen

Mit einer Skizzierung der Arbeitsabläufe können Aufgaben sinnvoll angeordnet werden. Beachten Sie dabei die Anzahl der jeweils erforderlichen Mitarbeiter. Richten Sie die Arbeitsplätze ergonomisch ein. Kunden werden zum Rundgang animiert, wenn ihnen nichts im Wege steht, vermeiden Sie also Engpässe und Hemmnisse.

· Marktforschungen nutzen

Einmal pro Jahr sollten Sie eine schriftliche Kundenbefragung durchführen. Marktberichte in Fachzeitschriften (zum Beispiel Bio Handel, ZMP Ökomarkt Forum, BNN-Nachrichten, Hof Direkt) liefern wertvolle Informationen. Abonnieren Sie die für Sie geeigneten Zeitschriften, besuchen Sie Messen und Vorträge, andere Direktvermarkter und Fachmärkte, um über aktuelle Trends im Bilde zu sein.

· Unternehmen steuern, Büro und Verwaltung organisieren

Mit Hilfe monatlicher betriebswirtschaftlicher Auswertungen behalten Sie den Überblick. Der Buchabschluss sollte spätestens drei Monate nach Ende des Wirtschaftsjahres vorliegen. Behalten Sie die wichtigsten Kennzahlen im Blickfeld: Bringen Sie eine Liste mit zehn Sollzahlen im Büro an und schreiben Sie regelmäßig Ihre tatsächlich erreichten Ergebnisse dazu. Im Büro ist organisationsfähiges Personal Gold wert.

· Finanzen und Liquidität im Blick behalten

Behalten Sie stets den Überblick über den Stand Ihrer Darlehenskonten und der laufenden Konten, schaffen Sie Liquiditätsreserven. Wenn es einmal zu einem bedrohlichen Finanz-Engpass kommen sollte, reden Sie sofort mit Ihrem Berater und Ihrer Bank. Stellen Sie Rechnungen zeitnah und nutzen Sie Skonti. Fakturierungs- und Warenwirtschaftssysteme können ebenfalls hilfreich sein.

· Mit „Benchmarking" zum Erfolg

Mit Vergleichskennzahlen können Sie Ihren Erfolg bewerten. Wo steht Ihr Betrieb im Vergleich zu anderen, wo gibt es Verbesserungspotential? Dieses Verfahren wird „Benchmarking" genannt. Nutzen Sie die Kennzahlen dieses Handbuches, nehmen Sie an Betriebsvergleichen teil oder lassen Sie Ihren Betriebszweig auswerten.

· Gemeinsam mit Beratern und Kollegen mehr erreichen

Ziehen Sie Kollegen, Fach- und Unternehmensberater als kompetente Fachleute hinzu, reflektieren Sie Entscheidungen. Suchen und nutzen Sie den fachlichen und persönlichen Austausch in Arbeitskreisen; so erhalten Sie zusätzliche Anregungen, die Ihre Geschäftsentwicklung wesentlich beschleunigen werden.

Der Geschäftsplan

Der Einstieg in ein neues Projekt oder in eine größere betriebliche Veränderung gelingt Ihnen am besten, wenn Sie sorgfältig planen und alles durchdenken. Bereits kleine Gründungen, zum Beispiel Ich-AGs mit einem Einsatz von wenigen Tausend Euro, werden heute mit Geschäftsplänen vorbereitet. Geschäftspläne sind nicht nur dazu da, öffentliche Förderung und Bankdarlehen zu erhalten. Sie dienen vor allem dazu, eine Einschätzung und mehr Sicherheit für die bevorstehenden Aufgaben zu bekommen.

Investitionen in die Direktvermarktung von mehreren Tausend oder gar über Hunderttausend Euro erfordern umso mehr eine gründliche Planung und einen soliden Geschäftsplan. Der konkrete Geschäftsplan für Ihr Unternehmen mit den unten aufgeführten „Bausteinen" ist ein hilfreiches Instrument, mit dem Sie die wichtigsten Punkte systematisch klären und abarbeiten können. Zusätzlich zum Geschäftsplan sollten Sie die Beratung mit einbeziehen. Was bei kleinen Investitionsentscheidungen richtig ist, zum Beispiel das Nutzen von Warentests beim Kauf einer Spülmaschine, ist umso nötiger bei umfassenden und weitreichenden Entscheidungen. Und die Neueinrichtung oder Erweiterung einer Direktvermarktung hat weitreichende Folgen für Arbeitsorganisation und Finanzierung Ihres Betriebes.

Neun Bausteine zum Erfolg

Der Geschäftsplan besteht aus neun Kapiteln. Damit können Sie alle relevanten Planungsfelder systematisch bearbeiten und an den Stellen vertiefen, die für Sie besonders bedeutsam sind.

· Baustein 1: Die Zusammenfassung des Geschäftsplans
· Baustein 2: Vision, Geschäftsidee und Unternehmensziele
· Baustein 3: Unternehmer, Unternehmen, Rechtsform
· Baustein 4: Markt und Kunden
· Baustein 5: Marketing und Vertrieb
· Baustein 6: Investitionsplanung
· Baustein 7: Finanzierung
· Baustein 8: Personalplanung
· Baustein 9: Erfolgs- und Finanzplan

Baustein 1:
Die Zusammenfassung des Geschäftsplans

Im ersten Kapitel eines Geschäftsplans steht die Zusammenfassung der Idee. Hier wird das Wesentliche Punkt für Punkt knapp dargestellt, damit sich der Leser – zum Beispiel ein Bankkaufmann, Geschäftspartner oder ein privater Geldgeber – einen schnellen Überblick über Ihr Vorhaben verschaffen kann. Die Zusammenfassung sollte verständlich formuliert sein, maximal zwei Seiten umfassen und in fünf bis zehn Minuten gelesen und verstanden werden können.

Wünschen Sie Unterstützung beim Erstellen eines Geschäftsplanes und bei Investions- und Finanzfragen? Wenden Sie sich an die Autoren (Adressen im Anhang)

Baustein 2:
Vision, Geschäftsidee und Unternehmensziele

Das Bild von Ihrer Zukunft, Ihre Zielvorstellungen, das ist Ihre Vision. Bringen Sie die Geschäftsidee zu Papier. Bereits bei der Ausformulierung werden Sie feststellen, dass sich an vielen Stellen „der Nebel lichtet". Es entstehen aber auch neue Fragen und Planungsfelder. Sagen Sie mit Ihrer Geschäftsidee aus, wer Sie sind und was Sie wollen. Hier stellen Sie Ihre persönlichen und unternehmerischen Absichten, aber auch Ihre Wünsche vor.
Die Unternehmensziele sollten möglichst konkret formuliert sein. Beschreiben Sie, wie Sie sie erreichen wollen. Eine Formulierung wie: „Ich möchte mit meiner Direktvermarktung einen Teil des Betriebseinkommens erwirtschaften" sagt wenig aus. Sie lässt offen, was mit „einem Teil" gemeint ist.
Von Ihrer Geschäftsidee sollten die Kunden einen klaren Nutzen haben. Diesen besonderen Kundennutzen müssen Sie daher deutlich herausarbeiten und schließlich mit Ihren Produkten in Verbindung bringen. Loyale Geschäftsbeziehungen sind die Voraussetzung, um den angestrebten Erfolg für Ihr Unternehmen zu erreichen.

Meine Vision und mein Ziel – ein Beispiel

Als Unternehmer möchte ich einen modernen, wirtschaftlich tragfähigen Direktvermarktungsbetrieb mit hochwertigen und stark nachgefragten Produkten aufbauen. Mein Bio-Gemüsebaubetrieb wird einen Großteil der Verkaufsprodukte liefern. Damit garantiere ich meinen Kunden größtmögliche Herkunftssicherheit und Frische. Die zugekauften Produkte sollen von qualitätsorientierten, mir persönlich bekannten Bio-Betrieben aus der Region stammen sowie von zuverlässigen Naturkostgroßhändlern.

Mit meinem Betrieb in schöner ländlicher Umgebung möchte ich ein ausreichendes Einkommen erwirtschaften und das Unternehmen in einem kooperativen Führungsstil mit Mitarbeitern langfristig erfolgreich führen. Mit der Ausrichtung des Unternehmens auf Bio-Gemüse setze ich auf Produkte, für die es einen wachsenden Markt gibt. Ich möchte mit meinen Produkten und meinem Service eine Alleinstellung erreichen. Mein Ziel ist, das Unternehmen innerhalb von vier Jahren zu einem leistungsstarken regionalen Direktanbieter für Bio-Gemüse im Großraum XY zu entwickeln. Für die Kunden soll das Unternehmen durch hervorragende Produktqualität, ein unverwechselbares Logo und durch besonderen Service herausragen.

Mit Hilfe von monatlichen Auswertungen werde ich gemeinsam mit meinem Steuerberatungsbüro ein Controlling-System mit betriebswirtschaftlichen Kennzahlen einrichten. So erhalte ich stets zeitnah einen Überblick über die betriebswirtschaftliche Situation und kann das Unternehmen aktiv steuern.

Für die Entwicklung des Betriebes und zur Deckung meiner familiären Lebenshaltungskosten benötige ich ein Jahreseinkommen von mindestens 40.000,- Euro. Dieser Betrag soll sowohl durch den Anbau von Gemüse als auch durch eine professionelle Direktvermarktung erwirtschaftet werden.

Baustein 3:
Unternehmer, Unternehmen, Rechtsform

An dieser Stelle stellen Sie (und Ihre Partner) sich als Unternehmerpersönlichkeit vor. Dabei sollten Sie deutlich machen, was Sie persönlich auszeichnet, warum Sie gerade dieses Unternehmen oder diesen Betriebszweig gründen oder führen wollen. Dasselbe gilt für alle Partner und leitenden Mitarbeiter im Unternehmen.

Stellen Sie Unternehmer, Familie und Mitarbeiter mit Alter, Ausbildung und beruflichem Werdegang vor. Ergänzen Sie Ihre Angaben durch tabellarische Lebensläufe der Unternehmerpersonen.

· Welche persönlichen Ziele verfolgen Sie mit dem Unternehmen?
· Welche Erfahrungen und Qualifikationen zeichnen Sie und Ihre führenden Mitarbeiter aus?
· Welche beruflichen Erfolge können Sie vorweisen?
· Welche fachliche Ausbildung und welches kaufmännisches Know-how haben Sie?
· Wie wollen Sie Ihre Kenntnisse erweitern und eventuelle Defizite beseitigen?
· Welche Fortbildung planen Sie für sich und Ihre Mitarbeiter?
· Falls Ihnen Erfahrungen in wichtigen Teilbereichen fehlen, stellen Sie dar, wie Sie diese in einem Team ausgleichen oder welche externen Berater (Unternehmens-, Steuer-, Rechtsberater, Werbeagenturen) Sie integrieren.

· Aus der Struktur der Mitwirkenden und der Organisation des Betriebes ergibt sich die angestrebte Unternehmensform. Auch dieser Punkt sollte ausgeführt werden.
· Stellen Sie die Ausgangsituation, Kapazitäten, Besonderheiten und Möglichkeiten des Unternehmens dar.
· Welche Entwicklung ist geplant?
· Wie sind die Verantwortlichkeiten in Ihrem Unternehmen geregelt? Ist ein reibungsloser Betriebsablauf bei Ihrer Abwesenheit gesichert?
· Wie sind Geschäftsanteile verteilt?
· Woher kommt das Eigenkapital und wie werden Kredite abgesichert?
· Soll die Haftung begrenzt werden?
· Welche Rechtsform wählen Sie und warum?

Landwirtschaft und/oder Gewerbe?

Die meisten Direktvermarkter haben neben ihrem landwirtschaftlichen Betrieb auch einen Gewerbebetrieb angemeldet. Ein Gewerbe brauchen Sie dann nicht anzumelden, wenn Sie fast ausschließlich Ihre eigenen Produkte aus dem landwirtschaftlichen Betrieb (zum Beispiel Gemüse, Milchprodukte, Käse, Rinderviertel) vermarkten möchten. Ein Gewerbe muss dann angemeldet werden, wenn Sie als Landwirt über die eigenen Produkte hinaus auch mit so genannten betriebsuntypischen Produkten wie Schokolade oder Bananen handeln wollen.

Unternehmeridentität, Beispiel

Landwirt A betreibt einen landwirtschaftlichen Betrieb und einen Hofladen als Gewerbe, beide laufen auf seinen Namen. Bei dieser Konstellation handelt es sich umsatzsteuerrechtlich um den gleichen Unternehmer. Somit liegt ein so genannter Innenumsatz vor, für den keine Umsatzsteuer berechnet werden kann. Will Landwirt A die Umsatzsteuer geltend machen, muss er den Hofladen auf den Namen der Ehefrau, der Tochter, einer Ehegatten GbR, einer GmbH oder dergleichen anmelden.

Die Wahl der optimalen Gewerbeform ist für jeden Direktvermarktungsbetrieb eine sehr komplexe Frage. Letztlich sollten Sie diese Sachverhalte bis in alle Details mit einem kompetenten Steuerberater, mit Ihrem Sozialversicherungsträger und mit Ihrer Betriebsberatung klären. Zusätzlich können Sie bei Versicherungsfragen auch sozioökonomische Beratungsstellen, zum Beispiel bei den Landwirtschaftsämtern und Landwirtschaftskammern, in Anspruch nehmen. Denn bei der Planung sind nicht nur steuerliche Aspekte, sondern insbesondere auch sozialversicherungsrechtliche Vorschriften zu berücksichtigen. Ein Gewerbe verursacht auf der einen Seite zusätzliche Kosten, etwa für Buchführung und Steuerberatung, Sozialversicherung und Bankkonten, auf der anderen Seite bietet es auch neue Perspektiven durch uneingeschränkte Zukaufmöglichkeiten.

Unter Umständen können Sie auch weitere Vorteile nutzen, wenn zwei Betriebe vorhanden sind. So können Sie die Erzeugnisse Ihres eigenen landwirtschaftlichen Produktionsbetriebes, sofern Sie die Mehrwertsteuer pauschalieren, an den gewerblich geführten Laden mit 9 % Mehrwertsteuer abgeben. Der Gewerbebetrieb muss beim Verkauf von Lebensmitteln aber nur 7 % Umsatzsteuer abführen, so dass Sie bei der Umsatzsteuer sparen können. Um dieses Verfahren nutzen zu können, darf keine Unternehmeridentität bestehen.

Abgrenzung Landwirtschaft und Gewerbe

Zu den landwirtschaftlichen Einkünften zählen:
· Einkünfte aus dem Verkauf eigener landwirtschaftlicher Produkte (Urproduktion) und landwirtschaftlicher Tätigkeiten der ersten Bearbeitungsstufe, zum Beispiel Rinderviertel, Schweinehälften oder Bauernkäse, sowie
· Einkünfte bis zu 10.300,- €/Jahr aus der zweiten Berarbeitungsstufe, zum Beispiel Brot oder Wurst.

Bis zu folgenden Grenzen liegen bei Fremdzukauf noch landwirtschaftliche Einkünfte vor:
1. Zukauf von betriebstypischen Erzeugnissen mit einem Einkaufswert bis zu 30 % des Gesamtumsatzes des landwirtschaftlichen Unternehmens, zum Beispiel Kartoffeln vom Kollegen. Die Umsätze aus dem Verkauf zugekaufter landwirtschaftliche Produkte unterliegen allerdings nur dann der Durchschnittsatz-Besteuerung nach § 24 UstG, wenn der Bruttoeinkaufswert dieser Produkte im vorangegangenen Kalenderjahr unter 20 % des Gesamtumsatzes des land- und forstwirtschaftlichen Betriebes lag und im laufenden Kalenderjahr 20 % voraussichtlich nicht übersteigen wird.

Übersteigt der Verkauf zugekaufter landwirtschaftlicher Produkte diese 20 % des Gesamtumsatzes, so ist in jedem Fall die Umsatzsteuer (7 %) aus den Verkaufserlösen abzuführen, auch wenn die Direktvermarktung in die Landwirtschaft integriert ist (Schreiben des Bundesministerium der Finanzen vom 28.11.2005).
2. Beim Zukauf betriebsuntypischer Erzeugnisse, zum Beispiel wenn ein Gemüsebaubetrieb Brot zukauft, liegt eine gewerbliche Tätigkeit vor. Der Verkauf betriebsuntypischer Erzeugnisse kann jedoch noch zu den landwirtschaftlichen Einkünften zählen, wenn der Verkauf zur Abrundung des eigenen Angebotes dient, etwa wenn ein Zierpflanzenbetrieb Töpfe und Erde anbietet. Der Umsatz daraus darf dann nicht mehr als 10 % des Gesamtumsatzes des landwirtschaftlichen Betriebes betragen.

Bio-Direktvermarkter überschreiten schnell diese engen Grenzen, weshalb sich dann aus Sicht des Finanzrechtes die Gewerblichkeit einstellt.

Bei Investitionen in Gebäude oder Geräte kann ein Gewerbebetrieb 16 % Mehrwertsteuer (ab 1. Januar 2007 19 % Mehrwertsteuer) als Vorsteuer beim Finanzamt geltend machen. Vor einer größeren Investitions- oder Organisationsentscheidung sollten Sie Ihren Steuerberater hinzuziehen, um zu prüfen, welche Form für Sie günstig ist.

Manchmal kann es sinnvoll sein, den gesamten landwirtschaftlichen Betrieb als Gewerbebetrieb zu führen. Auf diese Weise können einige Kosten eingespart werden, die sich aus zwei getrennten Betrieben ergeben würden, etwa für die Buchführung. Dann ist allerdings eine Umsatzsteuer-Pauschalierung für die Landwirtschaft nicht mehr möglich und der gesamte Betrieb wird umsatzsteuerpflichtig. Außerdem kann bei gewerblichen Betrieben die Privilegierung für landwirtschaftliche Betriebe im Baurecht wegfallen, zum Beispiel bei Bauten im Außenbereich.

Ein Gewerbe

wird beim Ordnungsamt angemeldet, die Anmeldung kostet ungefähr 50,- €. Das Ordnungsamt informiert eine Reihe weiterer Behörden automatisch, dazu zählen unter anderem das Finanzamt, die Lebensmittelkontrollbehörde, das Bauamt, das Gewerbeamt, die Handelskammer und statistische Ämter. Vor der Anmeldung sollten also alle rechtlichen Fragen geklärt sein, um einer behördlichen Prüfung standzuhalten.

Kleine Direktvermarktungs-Betriebe brauchen keine **Gewerbesteuer** zu zahlen. Gewerbesteuer fällt erst bei einem so genannten Gewerbe-Ertrag an. Der Gewerbe-Ertrag errechnet sich aus dem Gewinn des Gewerbes abzüglich eines Freibetrages von 24.500,- € mit Hinzurechnungen (zum Beispiel 50 % der Dauerschuldzinsen) und Kürzungen (zum Beispiel 1,7 % des Einheitswertes der Betriebsgrundstücke). Die Gewerbesteuer wird wie folgt berechnet: Gewerbeertrag x Gewerbesteuermesszahl x Hebesatz der Gemeinde. Die Gewerbesteuer kann mit der Einkommensteuer verrechnet werden.

Baurecht

Nehmen Sie in einem ehemals landwirtschaftlich genutzten Gebäude oder Raum eine gewerbliche Tätigkeit auf, so brauchen Sie hierfür vom Bauamt in den meisten Fällen eine Umnutzungsgenehmigung. Bei einer Umwidmung ehemals landwirtschaftlich genutzter Räume müssen die Brandschutzbestimmungen eingehalten werden sowie bestimmte Anforderungen an die Statik erfüllt sein. Die meisten Architekturbüros können entsprechende Statikberechnungen und Bauzeichnungen durchführen.

Industrie- und Handelskammer

Beiträge zur Industrie- und Handelskammer (IHK) sind nur zu entrichten, wenn das Gewerbe in das Handelsregister eingetragen und kein Nebenbetrieb der Landwirtschaft ist. Ein Nebenbetrieb der Landwirtschaft liegt vor, wenn der Umsatz des landwirtschaftlichen Betriebes größer ist als der Umsatz des ausgegliederten Gewerbebetriebes.

Sozialversicherungen

Bei der Anmeldung eines Gewerbes müssen Sie die sozialversicherungsrechtlichen Konsequenzen berücksichtigen, wenn nun mehrere Unternehmer tätig sind. So kann es leicht passieren, dass ein bisher mitversichertes Familienmitglied in einem landwirtschaftlichen Betrieb, zum Beispiel die Ehefrau eines Landwirts, durch ein gewerbliches Einkommen in erheblichem Umfang krankenversicherungspflichtig wird.

Besteht für gewerbetreibende Familienmitglieder eine gesonderte Krankenversicherungspflicht, wenn diese Tätigkeit nur in einem kleinen Umfang stattfindet? Die verschiedenen Krankenkassen geben hierzu unterschiedliche Auskünfte. So vertritt die Landwirtschaftliche Krankenkasse (LKK) in Würzburg folgenden Standpunkt: Um weiterhin in der Familienversicherung der LKK versichert zu sein, müssen zwei Bedingungen erfüllt sein:

- Maximale Einnahmen (Gewinn) von 350.- €/Monat (4.200.- €/Jahr).
- Das gewerbetreibende Familienmitglied ist nicht hauptberuflich selbstständig. Dies wird im Einzelfall von der LKK geprüft.

Hingegen vertritt die landwirtschaftliche Krankenkasse Hannover die Auffassung, dass eine beitragsfreie Familienmitversicherung möglich ist, wenn

- der Gewinn im Gewerbe geringer als 4.800,- €/Jahr (unter 400,- Euro im Monat) ist und
- das Familienmitglied weniger als 15 Stunden pro Woche im Gewerbebetrieb arbeitet und
- im Gewerbebetrieb kein weiterer Arbeitnehmer fest angestellt ist.

Dieses Beispiel zeigt, wie wichtig es ist, sich genau mit den Konditionen der zuständigen Krankenversicherung auseinander zu setzen. Solange die genannten Werte unterschritten werden, kann das Familienmitglied auch weiterhin im Rahmen der landwirtschaftlichen Familienversicherung unentgeltlich mitversichert werden. Bedacht werden muss aber, dass sich die Geschäftsbedingungen der Krankenkassen ändern können.

Zusätzlich sind Ausgaben für eine Rentenversicherung und/oder Altersvorsorge einzuplanen. Damit die Sozialversicherungsbeiträge nicht den größten Teil Ihres Gewinns wieder aufzehren, sollten Sie so planen, dass der Gewinn pro Familienarbeitskraft möglichst über 25.000,- €/Jahr liegt. Klären Sie diese Fragen unbedingt vor einer Gewerbeaufnahme.

Im Zuge einer Gewerbeanmeldung sollte es Ihr Ziel sein, die jährliche Ausgaben-Zahllast an Finanzamt und Sozialversicherungträger für das gesamte Unternehmen (Landwirtschaft und Gewerbe) möglichst gering zu halten. Neben der Wahl der aus Kostengesichtspunkten optimalen Gewerbeform spielen auch Fragen der Haftung und der Risikoverteilung im Gewerbebetrieb eine wichtige Rolle.

Gesellschaftsform

Für eine gewerbliche Vermarktung wird oft eine Gesellschaft bürgerlichen Rechts (GbR) oder eine Gesellschaft mit beschränkter Haftung (GmbH) gegründet. Die Gründung einer GbR ist wegen der wenigen Formalitäten relativ einfach, allerdings haften beide Gesellschafter uneingeschränkt mit ihrem Geschäfts- und Privatvermögen. In einer GmbH oder GmbH & Co. KG müssen Sie mindestens 25.000,- € Stammkapital einlegen, außerdem sind die gesetzlich vorgeschriebenen Anforderungen hoch; die Gründung kann leicht 2.000,- bis 3.000,- € kosten. Dafür ist das Haftungsrisiko begrenzt.

Bei der Gründung einer Gesellschaft sollten Sie die Vereinbarungen in einem schriftlichen Vertrag festlegen. In diesem Vertrag können Sie neben der Einbringung des Geschäftskapitals auch Fragen der Entlohnung der Gesellschafter klären, zum Beispiel, dass ein Gesellschafter eine monatliche Gewinnbeteiligung von 350,- bis 400,- € erhält. Auch Eheleute können solche Verträge untereinander schließen. Den Vertrag sollten Sie mit einem Steuerberater besprechen und mit Unterstützung eines Rechtsanwalts verfassen. Im Vertrag sollten auch die Folgen einer möglichen Auflösung der Gesellschaft geregelt werden.

Stellen Sie jemanden mit maximal 400,- € Entlohnung pro Monat in Ihrem Gewerbebetrieb an, so liegt eine so genannte geringfügige Beschäftigung vor. In diesem Fall müssen Sie pauschal 25 % Sozialversicherungsbeiträge und Steuern abführen (11 % an die zuständige Krankenversicherung, 12 % an den Rentenversicherungsträger und 2 % pauschale Steuer (Lohnsteuer, Solidaritätszuschlag, Kirchensteuer) an die Bundesknappschaft. Höchstwahrscheinlich wird dieser Beitrag ab 01. Juli 2006 oder 01. Januar 2007 von 25 auf 30 % erhöht.

Berufsgenossenschaft

Die gesetzliche Unfallversicherung soll nach einem Arbeitsunfall oder bei einer Berufskrankheit den Verletzten, seine Angehörigen und seine Hinterbliebenen entschädigen. Für landwirtschaftliche Betriebe und gewerbliche Handelsunternehmen besteht eine Versicherungspflicht bei einer Berufsgenossenschaft. Gewerbliche Einpersonen-Betriebe sind eine Ausnahme, aber auch hier ist die Mitgliedschaft in einer Berufsgenossenschaft zu empfehlen.

Sie können das Unfallrisiko der Direktvermarktung bei Ihrer landwirtschaftlichen BG mitversichern. Dafür ist ein zusätzlicher Beitrag zu entrichten. Die Beitragssysteme variieren von Bundesland zu Bundesland. Dabei richtet sich der Beitragssatz nach den Arbeitsstunden im Bereich „Vermarktung mit Fremderzeugnissen". Während zum Beispiel in Niedersachsen der Anteil der Fremderzeugnisse eine Rolle spielt, sind in Bayern nur die Arbeitsstunden in der Direktvermarktung relevant. Entscheidend für die Beitragshöhe sind in Bayern ausschließlich die gearbeiteten Stunden in der Direktvermarktung. Für viele Direktvermarkter lohnt sich ein Kostenvergleich: Es kann kostengünstiger sein, in die Berufsgenossenschaft des Einzelhandels (BG-EH) zu wechseln, insbesondere wenn täglich in der Direktvermarktung und Hofverarbeitung gearbeitet wird. Für gewerbliche Direktvermarkter ist die Sachlage ohnehin klar, für sie ist die Berufsgenossenschaft des Einzelhandels zuständig.

Haftpflicht-, Gebäude- und Betriebsausfallversicherung

Sprechen Sie mit Ihrem Versicherungskaufmann über die Direktvermarktung. Ein großer Teil der Haftungsrisiken, die bei der Direktvermarktung entstehen können, sind durch die Betriebshaftpflichtversicherung abgedeckt. Häufig können Sie hierbei auch zwei bis drei Veranstaltungen, zum Beispiel Hoffeste, beitragsfrei mitversichern. Nehmen Sie diesen Punkt in Ihren Versicherungsvertrag mit auf.

Bei gewerblich genutzten Räumen sollten Sie mit Ihrer Versicherung auch über Risiken durch Feuer und Betriebsausfall verhandeln. Bei manchen Versicherern liegen die Beiträge für gewerbliche Gebäude niedriger als für landwirtschaftlich genutzte Gebäude.

Baustein 4: Markt und Kunden

Hier stellen Sie Ihrem Geldgeber vor, auf welchem Markt Sie agieren. Der Bio-Markt ist ein Wachstumsmarkt. In Deutschland wurden 2004 mit Lebensmitteln insgesamt rund 130 Mrd. Euro umgesetzt, davon etwa 3,5 Mrd. Euro mit biologischen Lebensmitteln. 2005 erlebte der Absatz von Bio-Lebensmitteln einen weiteren Aufschwung auf rund 4 Mrd. Euro. Dies entspricht einem Anteil von 3 % am deutschen Lebensmittelmarkt. Der Umsatz in der Direktvermarktung lag nach einer Studie der Gesellschaft für Konsumforschung bei etwa 16 % des gesamten Bio-Umsatzes. Dies entspricht einem jährlichen Umsatz von etwa 550 bis 600 Mio. Euro. Diesen Markt teilen sich etwa 1.200 Bio-Höfe, die einen Hofladen betreiben, rund 900 Betriebe mit regelmäßigen Ständen auf Wochenmärkten und rund 350 Betriebe, die Abo-Kisten vertreiben. Auch der Umsatz der Direktvermarktung konnte in 2005 zulegen, wenn auch nicht so stark wie der Gesamtmarkt.

Durch das Angebot von „Herkunftssicherheit und Regionalität", „persönlichem Service", „Frische und individuellen Qualitäten" haben Direktvermarkter gute Chancen, sich auch gegenüber der Konkurrenz von Supermärkten und Bio-Discountern am Markt zu behaupten und ihre Position auszubauen. Sie zeichnen sich besonders durch intensive persönliche Kundenbeziehungen aus. Über 80 % ihrer Kunden sind Stammkunden und kaufen regelmäßig bei „ihrem" Direktvermarkter ein.

Meine Kunden

Nach einer Studie des Instituts für sozial-ökologische Forschung (ISOE), Frankfurt/Main 2004, sind die Hauptzielgruppen der Bio-Vermarktung Frauen, die Generation der 40- bis 65-jährigen, Mehrpersonenhaushalte sowie Menschen mit mittlerem und höherem Bildungsniveau.

In einer EMNID-Umfrage 2003/04 im Auftrag des Bundeslandwirtschaftsministeriums zeigt sich eine deutlich positive Tendenz bei der Einstellung der Verbraucher zu Bio-Lebensmitteln. Bio ist keine kurzfristige Modeerscheinung. Bei der Ernährung von Kindern gehören Bio-Lebensmittel einfach dazu, Gentechnikfreiheit gewinnt als Kaufkriterium an Bedeutung.

Ihre persönliche Marktanalyse
Beurteilen Sie die Perspektiven des Bio-Marktes; sammeln Sie dazu Informationen. Sprechen Sie mit Akteuren des Bio-Marktes, zum Beispiel Großhändlern und Produzenten.

- Informieren Sie sich über Marktanalyse-Ergebnisse, zum Beispiel bei www.oekolandbau.de.
- Studieren Sie aktuelle Marktanalysen über Ihre Region. Befragen Sie dazu die Abteilung für Wirtschaftsförderung in Ihrem Landkreis. Ist ihre Region ein Gebiet mit einem überdurchschnittlichen Pro-Kopf-Einkommen?
- Welche Bio-Angebote gibt es bereits im regionalen Einzelhandel, in Hofläden, Naturkostläden, Fachgeschäften und auf den Wochenmärkten im Einzugsgebiet? Ziehen Sie einen Kreis von 10 km und vermerken Sie dort die potentiellen Mitanbieter von Bio-Produkten.
- Mit wem wird es zu einem Marktwettbewerb kommen? Sind Kooperationen mit Mitbewerbern möglich? Wer sind Ihre schärfsten Konkurrenten, was sind deren Stärken und Schwächen?
- Wie sind die Preise bei der Konkurrenz? Gibt es Preisspielräume?
- Wie können sich Gesetzes- und Richtlinienänderungen auf die Entwicklung auswirken? Wie ist Ihr Unternehmen darauf vorbereitet?
- Wie viele Haushalte liegen in einem Umkreis von 10 km des Hofladens (5 km bei einem Marktstand), im Liefergebiet bei einem Abo-Kisten-Anbieter? Das Liefergebiet sollte so angelegt sein, dass 60 Kunden innerhalb von vier Stunden ihre Kisten zugestellt bekommen.
- Womit können Sie sich von Discount-Anbietern, Bio-Supermärkten und Bio-Läden abheben und sich profilieren?
- Welchen Nutzen können Sie den Kunden zusätzlich bieten?
- Wo liegen Ihre Wettbewerbsvorteile?

Baustein 5: Marketing und Vertrieb

Eine gut durchdachte Marketingpolitik darf in Ihrem Geschäftsplan nicht fehlen. Marketing bedeutet nicht, sich nur dem Markt anzupassen und Marktgegebenheiten einfach hinzunehmen. Mit Marketing erschließt man auch neue Märkte und schafft eigene Marktverhältnisse. Betreiben Sie eine aktive Marketingpolitik und nutzen Sie dazu die vier Marketinginstrumente

· Produktpolitik,
· Preispolitik,
· Distributionspolitik und
· Kommunikationspolitik.

Produktpolitik

Neben einer hochwertigen Lebensmittelerzeugung zählen hierzu auch Entscheidungen über Produktnamen, zum Beispiel Lerchenhof-Butter, Rezepturen, die Kennzeichnung mit Hoflogo und einem besonderem Etikett. Ebenso gehören die Auswahl von Zukaufprodukten, zum Beispiel bestimmte Säfte, besondere Serviceleistungen, zum Beispiel Backrezept zum Brotgetreide, und Zusatznutzen bei markanten Produkten, zum Beispiel „Wir retten die Kartoffelsorte Linda!", dazu.

Preispolitik

Gerade Neueinsteiger in die Direktvermarktung tun sich hier sehr schwer. Welche Preise sollen sie nehmen? Wollen sie sich den Preisen anpassen oder billiger als die Konkurrenz anbieten? Doch aufgepasst: Die Kosten müssen gedeckt sein. Dauerhafte Niedrigpreise führen zur Selbstausbeutung und langfristig zur Geschäftsaufgabe oder zum Konkurs. Einige Lockangebote und Sonderpreise bei Aktionsware können hingegen Neukunden bringen.

Um die Preise zu planen, empfiehlt es sich, eine Liste mit den Produkten zu erstellen, die angeboten werden sollen. Eine gute Orientierung bietet das ZMP-Ökomarkt-Forum, das wöchentlich in der Direktvermarktung erhobene Preise veröffentlicht. Man kann sich auch an den Preisnotierungen des Naturkostgroßhandels orientieren.

Zur Preispolitik zählen auch Entscheidungen über Liefer- und Zahlungsbedingungen, Rabatte für Großgebinde oder an Mitarbeiter und die Gewährung von Krediten an Kunden.

Jeder Verarbeiter und Vermarkter hat mit der Preisgestaltung ein Instrument in der Hand, von dem die Nachfrage abhängt und das gezielt zum Ausbau des Marktes eingesetzt werden kann. Biologisch erzeugte Lebensmittel werden in der Regel hochpreisig vermarktet. Sie sind um 40 bis 120 % teurer als konventionelle Erzeugnisse.

Ein gehobenes Preisniveau setzt selbstverständlich eine Ware konstanter und überdurchschnittlicher Qualität voraus. Die Frage nach dem angemessenen Preis lässt sich nur beantworten, wenn man gleichzeitig die zugehörige Leistung – das Produkt und den Service – dazu betrachtet. Es geht also um ein angemessenes Preis-Leistungs-Verhältnis.

Übliche Formen der Abo-Kisten-Vermarktung

Gleichbleibende, eventuell auf Zielgruppen zugeschnittene Standardkiste. Die Urform der Abo-Kisten-Vermarktung ist immer noch bei vielen Kunden beliebt. Hierbei haben die Kunden die Möglichkeit, Waren für einen bestimmten Festbetrag, zum Beispiel 22,- Euro, zu bestellen. Oder sie können eine zielgruppenspezifische Auswahl treffen, zum Beispiel Regio-Box, Mutter-Kind-Kiste, Senioren-Offerte oder Obst-Kiste.

Gleichleibendes Sortiment (zum Beispiel für 20,- Euro) mit individuellen Sonderwünschen und Ausschlüssen. In Abwandlung zu den Standardkisten können die Kunden bestimmte Produkte ausschließen, zum Beispiel Sellerie oder Fenchel, und auch problemlos regelmäßig zusätzliche Produkte – zum Beispiel 10 Eier und ein Brot – ordern.

Individual-Sortiment mit gleich bleibender Bestückung. Hierbei stellt sich der Kunde seine Kisten individuell zusammen, zum Beispiel ein Brot, 500 Gramm Käse mit vier Sorten, ein Salat, zwei Sorten Gemüse à 500 g usw. Die Kiste wird im vereinbarten Rhythmus solange geliefert, bis der Kunde Änderungen wünscht.

Freie Sortimentswahl nach jeweils vorheriger Bestellung (E-Shop, reiner Versanddienst). Diese Form kann kaum noch als Abo-Kiste bezeichnet werden, da Kisten nur nach vorheriger Einzelbestellung ausgeliefert werden. Ein solcher Service wird aber auch von Abo-Kisten-Betrieben angeboten. Es ist aber erforderlich, dass der zu beliefernde Haushalt auf einer der Ausliefer-Routen liegt.

Distributionspolitik

Die Distributionspolitik behandelt Fragen des Bezugs und der Verteilung Ihrer Ware:

· Auf welchen Märkten wollen Sie aktiv werden?
· Mit welchen Händlern beabsichtigen Sie zusammenzuarbeiten?
· Werden Sie beliefert oder holen Sie die Ware ab?
· Was müssen Sie beim Einsatz Ihrer Betriebsfahrzeuge bedenken?
· Wie steht es um Ihre Lagerhaltung und Kühlung?
· Falls Sie eine Abo-Kiste planen: In welchem Gebiet wollen Sie Ihren Lieferservice anbieten?

Angenommen, Sie haben sich für die Haushaltsbelieferung mit Abo-Kisten entschieden. Anhand dieses Beispiels zeigen wir Ihnen auf, was Sie in punkto Distributionspolitik berücksichtigen müssen.

Es sollte Ihnen bewusst sein, dass dieses Vermarktungssystem besonders anspruchsvoll ist. Es verlangt von der Geschäftsleitung hohe logistische und organisatorische Fähigkeiten. Viele Arbeitsabläufe, wie die Auslieferung oder das Kistenpacken, finden nicht mehr im „Sichtfeld" des Betriebsleiters statt. Die Fähigkeit, Arbeiten delegieren zu können, spielt also eine sehr wichtige Rolle.

Kommunikation: Die Kommunikation zu Ihren Kunden erfolgt vielfach nur auf schriftlichem Wege oder per Telefon und weniger direkt von Mensch zu Mensch. Deshalb ist der Telefonkontakt ein äußerst wichtiges Instrument. Kunden erwarten eine angenehme klare Stimme, kompetente Auskünfte und eine zügige Bearbeitung ihrer Wünsche. Eine weitere Voraussetzung ist die Fähigkeit, Texte so zu gestalten, dass sie attraktiv und informativ für Ihre Kunden sind. Legen Sie großen Wert auf einen optimalen Service bei der Belieferung in punkto Frische, Sauberkeit und Zuverlässigkeit. Transparenz beim Lieferschein und Geldeinzug sollten selbstverständlich für Sie sein.

Lieferrhythmus: Die meisten Anbieter wählen einen wöchentlichen Lieferrhythmus. Dabei werden bestimmte Routen stets an den gleichen Wochentagen gefahren, so dass sich die Kunden auf die Belieferung einstellen können. In manchen Fällen, zum Beispiel wenn ein Liefergebiet weiter entfernt liegt, kann es auch sinnvoll sein, eine bestimmte Tour nur 14-tägig zu fahren. Die Kunden wählen in der Regel entweder eine ein- oder eine zweiwöchige Belieferung. Einige Haushalte lassen sich auch nur alle drei oder vier Wochen beliefern. Mit der freien Wahl des Belieferungs-Rhythmus können Sie individuelle Bedürfnisse Ihrer Kunden berücksichtigen. So kann der Kunde für eine Weile pausieren, dies gilt insbesondere für Urlaubs- und Abwesenheitszeiten, oder auf einen anderen Rhythmus (zum Beispiel 14-tägig) wechseln. Die regelmäßige Belieferung ist ein Kann-Angebot, das normalerweise keine längerfristigen Vertragsbindungen beinhaltet.

Kommunikationspolitik

Bei der Kommunikationspolitik geht es um Maßnahmen, die die Kunden ansprechen und binden. Wie werden Verbraucher auf Ihr Geschäft, Ihren Marktstand oder Ihre Abo-Kiste aufmerksam? Und wenn sie Ihren Betrieb kennen, wie können sie dazu bewegt werden, auch tatsächlich bei Ihnen einzukaufen? Bestimmen Sie die Strategie Ihrer Öffentlichkeitsarbeit.

Starten Sie mit einer Eröffnung der besonderen Art. Denken Sie sich ein medienwirksames Ereignis aus, das nachhallt. Gute Erfahrungen gibt es mit einem schönen Hoffest. Mund-zu-Mund-Propaganda, die allerdings schwer steuerbar ist, ist ein ganz wichtiger Bestandteil der Öffentlichkeitsarbeit, weil sie Ihre Professionalität unterstreicht. Um Ihre Kunden als Werbeträger zu nutzen, müssen diese begeistert von Ihnen, Ihren Produkten und Ihrem Service sein.

Legen Sie ein Werbebudget fest. Mit einem Jahres-Werbe-Plan können die einzelnen Werbemaßnahmen langfristig vorbereitet werden. Welche Werbemittel wollen Sie einsetzen: Handzettel, Flyer, Werbeanzeigen, Fahrzeugbeschriftungen? Planen Sie dabei regelmäßige oder besondere Aktionen zur Verkaufsförderung, zum Beispiel Sonderangebote und besondere Präsentationen, zum Beispiel Spargelwochen. Nutzen Sie dabei auch das Logo Ihres Verbandes.

Baustein 6: Investitionsplanung

Wenn die Marktanalyse für Hofladen, Marktstand oder Abo-Kiste positiv ausgefallen ist, genügend Arbeitskapazitäten und Kapital zur Verfügung stehen, können Sie mit der konkreten Investitionsplanung beginnen.

Mit dem Investitionsplan legen Sie fest, welche Räumlichkeiten, Maschinen, Einrichtungsgegenstände und Fahrzeuge Sie benötigen. Mit der Höhe der Investitionen planen Sie gleichzeitig Ihren Finanzbedarf zum Start Ihrer Direktvermarktung.

Hofladen

Gebäude: Zunächst müssen Sie ein geeignetes Gebäude auswählen. Wollen Sie ein bestehendes Gebäude umbauen oder ein neues errichten? Sehen Sie sich vor einer Entscheidung viele andere Hof- und Fachgeschäfte an, auch in einem weiteren Umkreis.

Sobald das Gebäude mit seinen Rohbau-Maßen feststeht, planen Sie die Einteilung der Räumlichkeiten. Achten Sie darauf, dass der Eingang für Ihre Kunden gut erkennbar ist. Denken Sie auch an mögliche Erweiterungen, falls die Direktvermarktung zu einem späteren Zeitpunkt ausgedehnt werden soll. Neben dem eigentlichen Ladengeschäft benötigen Sie einen Lagerraum für Trockenware, einen Kühlraum für Frischware und meistens auch einen Vorbereitungsraum, zum Beispiel für das Herrichten von eigenem Gemüse, sowie Toiletten. Diese Nebenräume benötigen etwa ein Drittel der Gesamtfläche des Gebäudes. Zu einer Verkaufsfläche von 100 m² kommen also rund 50 m² Nebenräume hinzu. Manche Hofladen-Betreiber nutzen auch den Laden als Zwischenlager. Dann wird nur so viel Ware bestellt, wie in Regal und Vorratsbehälter passt. Dies schränkt allerdings die Flexibilität bei den Bestellmengen ein.

Hofladen-Einrichtung: Für Investitionen in die Einrichtung und für notwendige Geräte kann ein Wert von 400,- bis 600,- Euro/m² Ladenfläche veranschlagt werden. Bei der Einrichtung von Hofläden ist in den meisten Fällen die Zusammenarbeit mit einem erfahrenen Ladenbauer sinnvoll. In nachfolgenden Bereichen fallen Investitionen an:

· **Regale, Verkaufstheke:** Diese Verkaufsmöbel sollten funktionell und attraktiv gestaltet sein. Die Regale sollten maximal 40 cm tief sein und eine Höhe von 180 cm nicht überschreiten. Denken Sie besonders an kleinere Kunden, für die hoch liegende Ware kaum erreichbar ist.

Auf schrägen Regalböden können Obst und Gemüse ansprechend präsentiert werden. Als Material eignen sich Holz, Metall oder Kombinationen daraus.

· **Waagen, Kasse, Warenwirtschaftssystem:** Kleinere Hofläden können gut mit einer Bon- und Etikettenwaage arbeiten (Neupreis 1.000,- bis 1.500,- Euro). Einfache Kontrollwaagen ohne Bon-Drucker, zum Beispiel für die Kunden am Gemüseregal, werden bereits für 200,- bis 300,- Euro angeboten. Dagegen kosten Waagen, die in einem Verbund von verschiedenen Verkäufern genutzt und für ein Warenwirtschaftssystem mit einem PC verbunden werden können, leicht 4.000,- Euro und mehr. Sinnvoll ist dies, wenn Obst, Gemüse, Käse sowie Fleisch und Wurstwaren in Bedienung verkauft werden sollen.

Prüfen Sie Ihren Bedarf und lassen Sie sich mehrere Angebote machen! Bedenken Sie, dass ein guter Vor-Ort-Service ebenfalls wichtig ist. Wenn eine Waage ausfällt, brauchen Sie umgehend Ersatz.

Ab einem Umsatz von 200.000,- Euro/Jahr sollten Sie ein Warenwirtschaftssystem in Betracht ziehen. Durch die zentrale Speicherung von Artikeln und Preisen können alle Waagen und Kassen miteinander verknüpft werden. Über das Warenwirtschaftssystem erfolgt die Bestellung, und der Warenbestand kann ermittelt und optimiert werden. Sie können die Umschlagsgeschwindigkeit einzelner Produkte ermitteln und vergleichen, um daraus so genannte „Renner-/Penner"-Listen zu erstellen, mit denen Sie Ihr Sortiment optimieren können. Ein Warenwirtschaftssystem ermöglicht zeitnahes Controlling mit Auswertungen der Verkaufsumsätze nach Produktgruppen oder einzelnen Produkten. Die Kosten für ein solches System mit Anschlüssen für Verbundwaagen, den Scanner-Betrieb, ein bargeldloses Zahlungssystem und den PALM zum Bestellen liegen zwischen 8.000,- und 10.000,- Euro. Einfache PC-Systeme, über die nur die Bestellung beim Großhandel abgewickelt wird, können weit günstiger erworben werden.

· **Kühltheken und -regale:** Neue Kühltheken von einem Meter Breite sind ab 1.500,- Euro erhältlich. Für neue Kühlregale müssen je nach Größe zwischen 1.500,- und 3.000,- Euro investiert werden. Kühltheken für Bedienungsware und Kühlregale können Sie häufig auch günstig gebraucht bekommen. Bei Kühlregalen sollten Sie auf den Stromverbrauch und auf die Lautstärke der Kühlung achten. Manche Modelle können gerade in kleineren Räumen einen unangenehmen Lärm verursachen.

Investitionsrechnung Hofladen

Die Bandbreite bei Investitionen in Hofläden (Gebäude und Einrichtung) ist sehr groß. Die Kosten sind abhängig von den individuellen Gegebenheiten: Neu- oder Umbau, Höhe der Eigenleistungen. In der Praxis können die Ausgaben zwischen einigen tausend und über hunderttausend Euro liegen. Sie müssen Ihre Kosten vor einer Investitions-Entscheidung möglichst genau ermitteln. Die folgende Tabelle zeigt, welche Positionen dabei berücksichtigt werden sollten.

In diesem Beispiel werden gut 82.000,- Euro (1.640,- €/m² Verkaufsfläche) inklusive des Umbaus von Gebäuden investiert. Hinzu müssen noch Investitionen für die Erstausstattung mit Verkaufsprodukten, die Kosten für eine wirkungsvolle Eröffnung und eine Sicherheitsreserve kalkuliert werden. Somit liegt der gesamte Investitionsbedarf bei rund 100.000 Euro (bzw. 2.000 €/m² Verkaufsfläche).

Tabelle: Investitionen für einen Hofladen*

	Anschaffungs-kosten/€
Gebäude und Räumlichkeiten	
Hofladen (Umbau bestehender Gebäude)	40.000,-
Lagerraum	5.000,-
Kühlraum	6.000,-
Summe	51.000,-
Geräte und Einrichtung	
Regale und Ladeneinrichtung	6.000,-
Kasse	1.500,-
Verkaufstheke	3.500,-
Etikettiergerät	200,-
Aufschnittmaschine	2.000,-
Waagen	2.500,-
Kühltheke	2.000,-
Kühlregal	2.000,-
Gefrierschrank	1.500,-
Werbeträger (Hofschild, Beschriftungen)	2.000,-
Fax	300,-
Computer mit Zubehör	1.500,-
Büroeinrichtung	800,-
Telefonanlage	200,-
Kfz (anteilig)	5.000,-
Summe	31.000,-

*Ausgangsdaten: 50 m² Verkaufsfläche, 25 m² Lagerraum, 6 m² Kühlzelle

Wochenmarkt

Investitionen in eine praktische und attraktive Ausrüstung (Marktstand, Markthänger) sparen Arbeitszeit ein und ermöglichen eine gute Warenpräsentation. Deshalb können sich Investitionen in die Marktausrüstung schnell auszahlen.

Eines der Hauptprobleme ist es, einen Standplatz auf einem attraktiven Markt zu bekommen. Schauen Sie sich viele unterschiedliche Märkte an, nehmen Sie Kontakt mit den zuständigen Marktmeistern auf und prüfen Sie, ob eine Möglichkeit zur Teilnahme besteht. Manche Direktvermarkter suchen einen Standplatz auf Privatgrundstücken oder an markanten Punkten, zum Beispiel in einer Ladenpassage, vor einem Reformhaus oder vor einer Apotheke.

Markthänger: Sie können den Wochenmarkt-Verkauf mit Klapptischen und Marktschirmen sehr preisgünstig beginnen. Es wird sich aber bald zeigen, dass der Zeitaufwand für den Auf- und Abbau, der jeweils bis zu einer Stunde dauern kann, wesentlich größer ist als bei Markthängern. Um einen Markthänger und ein geeignetes Zugfahrzeug mit Anhängerkupplung werden Sie daher längerfristig nicht umhinkommen.

Kleine Markthänger ab 2,10 m Länge sind schon für etwa 3.500,- Euro erhältlich. Diese können zu einem Stand von 4 x 3 m aufgebaut werden. In der Regel kommen vor allem Stände in Frage, die im Fahrbetrieb etwa 3 bis 6 m lang sind und für den Verkauf auf 6 bis 12 m erweitert werden können.

Einfache Verkaufsanhänger mit Plane gibt es ab etwa 6.000,- Euro. Sie erfordern bis zu 30 Minuten für den Aufbau und zeigen Schwächen in der Windfestigkeit. Anhänger, bei denen Dach und Seitenklappen aus festen Materialien bestehen, kosten zwischen 15.000,- und 30.000,- Euro. Das große Plus dieser Wagen sind die besonders leichtgängigen Aufbausysteme: Der Wagen steht in der Regel 10 bis 15 Minuten nach Ankunft für den Verkauf bereit.

Waagen, Kassen: Für den Wochenmarktverkauf benötigen Sie robuste Waagen und Kassen. Manche Marktbelieferer setzen dabei auf Akku-Betrieb, um gegen Stromausfälle gewappnet zu sein. Achten Sie auch darauf, dass die Displays bei Sonneneinstrahlung noch lesbar sind. Größere Betriebe, in denen mehrere Verkaufskräfte gleichzeitig tätig sind, setzen auf Verbundwaagen- und Kassensysteme. Damit können an langen Ständen mehrere Kunden gleichzeitig an verschiedenen Kassen bedient werden.

Die Tabelle rechts zeigt an einem Beispiel die Investitionen für einen Wochenmarktbetrieb mit Markthänger auf.

Tabelle: Investitionen für den Wochenmarkt-Verkauf*

	Anschaffungs- wert/€
Gebäude und Räume	
Lagerraum	5.000,-
Kühlraum	4.000,-
Geräte und Einrichtung	
Markt-Hänger	20.000,-
Marktschirm	500,-
Kasse	1.500,-
Waage	1.800,-
zusätzliche Tische	500,-
Werbeschilder, Beschriftung	800,-
Computer (Anteil)	500,-
Büroeinrichtung	500,-
Telefonanlage	200,-
Lieferwagen (Anteil)	10.000,-
Hochdruckreiniger	200,-
Gesamtsumme	45.500,-

*Ausgangsdaten: Markthänger mit 4,50 m Transportlänge und 8 m Aufbaulänge

Einschließlich einer Sicherheitsreserve für den Wareneinstand und für Anlaufkosten ist in diesem Beispiel mit einer Investitionssumme von rund 50.000,- Euro zu rechnen.

Abo-Kiste

In welchem Umfang Sie in Fahrzeuge investieren, hängt davon ab, ob Sie ausschließlich selbst ausliefern oder ob Sie für einzelne Touren eine Spedition mit der Auslieferung beauftragen wollen. Holen Sie am besten Angebote mehrerer Speditionen ein und vergleichen Sie diese Preise mit den Kosten eines eigenen Fuhrparks.

Mehr als bei anderen Vertriebsformen spielen bei Abo-Kisten die Investitionen in die Außendarstellung eine große Rolle. Zur Außendarstellung zählen Logo, Werbeauftritt, Design von ansprechenden Geschäftspapieren bis hin zu den Fahrzeug-Beschriftungen. Bei der Wahl geeigneter Werbe- und Design-Spezialisten sollten Sie sich unabhängig beraten lassen. Schauen Sie sich zur besseren Orientierung vorab attraktiv gestaltete Werbematerialien verschiedener Unternehmen an.

Als Leiter eines Lieferdienstes sollten Sie ein starkes Interesse an technisch-organisatorischen Lösungen haben. Dies gilt sowohl für den Bereich der Warenwirtschaft und Kundenbetreuung mit PC und spezieller Abo-Kisten-Software, für die Einrichtung eines E-Shops als auch für die optimale Auswahl und Pflege des Fuhrparks. Mit einer modernen Büro-Ausstattung und einer bequemen Packstelle schaffen Sie gute Arbeitsbedingungen im Abo-Kisten-betrieb.

Im Rahmen unserer Erhebungen haben wir eine Kennzahl abgeleitet, die die Investitionskosten in Relation zu den wöchentlich ausgelieferten Kisten setzt. Grob kann mit 200,- Euro Investitionskosten je ausgelieferter Kiste pro Woche kalkuliert werden. Das heißt, ein System mit zum Beispiel 500 ausgelieferten Kisten pro Woche beansprucht eine Investition von rund 100.000,- Euro. Die folgende Tabelle zeigt an einem Beispiel auf, welche Investitionen zu berücksichtigen sind.

Tabelle: Investitionen für die Abo-Kisten-Vermarktung*

	Anschaffungs-wert/€
Gebäude/Räume	
Lagerraum	5.000,-
Kühlräume	12.000,-
Geräte und Einrichtung	
2 Lieferwagen (gebraucht)	30.000,-
Fahrzeugbeschriftung	1.000,-
1.500 stapelbare Kunststoffkisten	12.000,-
EDV-Abo-Kisten-Programm	6.000,-
3 Computer mit Zubehör	4.000,-
Farbdrucker	1.000,-
Verbund-Waage	2.500,-
Büroeinrichtung	5.000,-
Telefonanlage, 2 Arbeitsplätze	1.500,-
Gesamtsumme	80.000,-

*Ausgangsdaten: Haushaltsbelieferung von 500 Kisten/Woche, 2 Lieferfahrzeuge

Für den Aufbau eines Warenbestandes, Anfangswerbung und für außerordentliche Startkosten sollten zusätzlich 10.000,- bis 20.000,- Euro eingeplant werden. Somit ist in diesem Beispiel mit einer Investitionssumme von rund 100.000,- Euro zu rechnen.

Baustein 7: Finanzierung

Am Ende Ihrer Investitionsplanung sollten Sie wissen, wieviel Kapital Sie zu welchem Zeitpunkt benötigen. Mit dem Baustein Finanzierung können Sie dann die Beschaffung dieses Kapitals planen. Einen Teil müssen Sie aus eigenen Mitteln finanzieren, (z. B. Sparguthaben, Einnahmen aus Verkäufen), das ist Ihr **Eigenkapital**. Zusätzlich werden Sie in vielen Fällen **Fremdkapital** benötigen. Während Sie Ihr Eigenkapital sowohl in der Summe als auch der Verfügbarkeit gut einschätzen können, erfordert die Beschaffung von Fremdkapital rechtzeitige Planung.

Wie viel Eigenkapital benötigen Sie?

Das Verhältnis Eigenkapital zu Fremdkapital ist in vielen landwirtschaftlichen Familienbetrieben bei 70 % Eigen- zu 30 % Fremdkapital. Im Mittel aller gewerblichen Betriebe Deutschlands ist das Verhältnis mit 30 % Eigen- zu 70 % Fremdkapital genau umgekehrt. Auch bei Ihrer Direktvermarktung können Sie an diese Grenze kommen. Nur in Ausnahmefällen und mit einem sehr guten Konzept, das eine sehr hohe Rentabilität verspricht, können auch 20 % Eigenkapital ausreichen. Dennoch gilt, dass ein möglichst hoher Eigenkapitalanteil und somit ein geringer Verschuldungsgrad, ein wichtiger Faktor für die Stabilität des Betriebes ist. Erfolgreiche Betriebe weisen in der Regel einen hohen Eigenkapitalanteil auf.

Beschaffung von Fremdkapital

Wenn der erste Entwurf Ihres Geschäftsplans fertig ist, sollten Sie damit bei potentiellen Kapitalgebern vorstellig werden und sich über die optimale Finanzierung beraten lassen.

Banken

Banken wollen mit der Kreditvergabe Geld verdienen. In dieser Absicht begleiten und beraten sie Investitionsprojekte. Eine Bank überprüft einige Punkte, bevor sie Ihnen Kapital zur Verfügung stellt, um ihr eigenes Risiko einschätzen zu können.

Checkliste: Kreditantrag

· Ist Ihre persönliche Bonität (Einstufung als Kreditkunde) einwandfrei? Wie sieht Ihre SCHUFA (Auskunft über bisherige Zahlungsprobleme) aus?
· Ist Ihre fachliche Kompetenz für Ihr Vorhaben angemessen und reicht sie für eine erfolgreiche Umsetzung aus?
· Sind Ihre Planungen realistisch und können Sie die Bank von der Rentabilität Ihres Vorhabens überzeugen?

Neben Ihrer regional ansässigen Hausbank sind einige **überregional tätige Banken** Ansprechpartner für ökologisch wirtschaftende Betriebe. Dies sind zum einen gemeinnützige Banken mit einem besonderen Bezug zu ökologischen und sozialen Fragestellungen, wie z. B. die GLS-Bank (www.gemeinschaftsbank.de) und die Umweltbank (www.umweltbank.de). Zum anderen gewährt die landwirtschaftliche Rentenbank agrarbezogene und verbilligte Kredite im ländlichen Raum. Die aktuellen Zinssätze finden sie unter www.landwirtschaftliche-rentenbank.de. Die Kredite der Rentenbank müssen Sie bei Ihrer Hausbank beantragen. Weisen Sie den Kreditbearbeiter auf Ihr Interesse an diesen Krediten hin, denn die Bank informiert Sie eventuell nur über ihre eigenen, teils teureren Angebote.

Stiftungen und Vereine

Es gibt einige Stiftungen und Vereine mit klaren Förderzielen im Umwelt- und Gesundheitsbereich, die Sie bei Ihren Bemühungen um eine Finanzierung in Betracht ziehen können. Allerdings unterstützen diese Organisationen keine privatwirtschaftlichen, sondern in der Regel ausschließlich gemeinnützige Vorhaben. Einige Bio-Direktvermarkter sind Mitglied oder sogar Initiatoren von entsprechenden gemeinnützigen Vereinen, um Interesse für Bio-Produkte zu wecken und zu steigern.

Investieren Sie mit dem Geld Ihrer Kunden!

Sie planen einen Ausbau Ihrer Direktvermarktung? Sie wollen investieren, aber möglichst wenig Fremdkapital bei der Bank aufnehmen? Fragen Sie Ihre Kunden! So hat ein Bioland-Bauer für den Bau eines Hofladens 25.000,- € Darlehen von seinen Kunden eingeworben, sein Motto lautete: „Möhren statt Zinsen". Natürlich war hierfür eine entsprechende Öffentlichkeitsarbeit und Planung erforderlich. Diese Partnerschaft kann beiden Seiten Vorteile bieten.

Vorteile des Direktvermarkters: Höhere Kundenbindung, kostenlose und wirkungsvolle Öffentlichkeitsarbeit durch die regionale Presse, Schärfung des eigenen Profils, günstige Kapitalbeschaffung.

Vorteile des Kunden: Unterstützung ideeller Ziele (ethische Geldanlage), marktübliche Verzinsung, gesunde Lebensmittel als Zinsersatz, bargeldloser Einkauf, besonderer Status.

Alle Kapitalgeber erhalten in diesem Fall ein Kundenblatt. Auf diesem ist die Gesamtkreditsumme vermerkt, sowie die jährlichen Tilgungs- und Zinszahlungen. Die Kunden können nun bargeldlos einkaufen. Die Einkaufsbeträge werden notiert. Nach einem gewissen Zeitraum (z. B. vierteljährlich) wird abgerechnet. Übersteigt die Einkaufssumme die Summe für Tilgung und Zinsen, so muss der Kunde den Betrag nachzahlen – dies geht auch per Überweisung. Andernfalls erhält der Kunde eine Auszahlung. Erste Erfahrungen zeigen, dass die Kunden mehr einkaufen als vorher und auch meist deutlich über den ihnen zustehenden Betrag für Tilgung und Zinsen hinaus.

Bei der Planung und Umsetzung von Kundenbeteiligungen an Investitionsvorhaben sollten Sie sich beraten lassen.

Einzelpersonen als Kreditgeber

Einzelpersonen als Kreditgeber sind überwiegend Verwandte und gute Kunden. Insbesondere wenn Sie sich Geld von Ihren Kunden leihen wollen, müssen Sie die Interessen der Kunden (z. B. sichere Geldanlage, Unterstützung ethisch sinnvoller Aktivitäten) erfüllen. Ein Kredit, auch ein privates Darlehen, ist ein auf die Zukunft bezogenes Zahlungsversprechen an den Kapitalbesitzer. Riskieren Sie hier keinen Vertrauensverlust, bieten Sie klare Konditionen mit Laufzeiten und Zinssätzen. Die Kreditkosten können bei Privatkrediten aber durchaus in Form von Naturalien ausgezahlt werden, wie das obige Beispiel einer Zusammenarbeit eines Landwirts mit seinen Kunden zeigt.

Öffentliche Finanzierungshilfen für Existenzgründer

Der Bund und viele Bundesländer bieten Förderprogramme zur Existenzgründung an. Diese werden oft in Form von Krediten mit günstigen Zinsen und einer Tilgungsfreiheit in der Anlaufphase gewährt. Informationen über günstige Kredite erhalten Sie unter www.kfw.de und bei Ihrer Hausbank, bei der Sie diese Kredite auch beantragen müssen.

In manchen Bundesländern können Sie sich Ihre Beratungskosten bezuschussen lassen, oder Ihre Gemeinde bietet Ihnen Gewerberäume oder Grundstücke zu vergünstigten Konditionen an. Die Angebote in diesem Bereich sind so vielfältig, dass es schwierig ist, alle Förderprogramme und –maßnahmen zu überschauen. Das Bundesministerium für Wirtschaft bietet im Internet eine ständig aktualisierte Existenzgründer-Datenbank an, in der Sie sich über Förderprogramme des Bundes, der Länder sowie der EU informieren können. Die Datenbank enthält die vollständigen Richtlinientexte und zusätzliche Informationen. (www.bmwi.de)

Beachten Sie, dass sich die meisten Angebote in diesem Bereich auf die Gründung und Erweiterung von Gewerbebetrieben beziehen.

Länderprogramme zur Einkommensdiversifizierung in der Landwirtschaft

Prüfen Sie, ob Ihre geplanten Investitionen in eine Direktvermarktung im Rahmen von länderspezifischen Programmen förderfähig sind. In vielen Bundesländern kommen hierfür Mittel aus dem Agrarförderprogramm (AFP) oder ähnlichen Programmen zur Einkommensdiversifizierung in Frage. Bei einer Genehmigung stehen Zinsverbilligungen oder Investitionszuschüsse zur Verfügung. Informieren Sie sich beim zuständigen Amt für Landwirtschaft, bei der Landwirtschaftskammer oder Ihrem Berater über solche Fördermöglichkeiten. Zuwendungsfähig sind neben den Investitionskosten auch Kosten für eine projektbezogene Fachplanung und Konzeption. Von bestehenden Betrieben wird die Buchführung der vergangenen zwei Jahre gefordert. Als Existenzgründer können Sie diese nicht liefern. Legen Sie stattdessen gute Planungsunterlagen vor.

Finanzplanung

In Ihrem Geschäftsplan ist die Planung der Finanzierung ein wesentlicher Baustein.

Das folgende Beispiel knüpft an die Investitionsrechnung für einen Hofladen an, die im Baustein Investitionsplanung vorgestellt wurde. Für dieses Beispiel ist folgender Finanzierungsplan als Teil des Geschäftsplanes konzipiert worden.

Tabelle: Finanzierungsplan für einen Hofladen

	Betrag	in % vom Bedarf
Kapitalbedarf (Mittelverwendung)		
Gebäude und Räumlichkeiten	50.000,- €	50 %
Geräte und Einrichtung	20.000,- €	20 %
Anlaufkosten (Beratung, Werbung)	10.000,- €	10 %
Zwischensumme Investitionen	80.000,- €	80 %
Unvorhergesehenes (10 % der Investitionen)	8.000,- €	8 %
Betriebsmittel und Vorräte	12.000,- €	12 %
Summe Kapitalbedarf	100.000,- €	100 %
Finanzierung (Mittelherkunft)		
Geldeinlage (Auflösung Guthaben)	35.000,- €	35 %
Eigenleistung beim Bau (unbar)	5.000,- €	5 %
Summe Eigenmittel	40.000,- €	40 %
Privatdarlehen (Kunden, Verwandte)	10.000,- €	10 %
Bankdarlehen	50.000,- €	50 %
Summe Fremdmittel	60.000,- €	60 %
Summe Finanzmittelherkunft	100.000,- €	100 %
Kontokorrent (Kreditlinie)	20.000,- €	20 %

Im ersten Teil des Finanzierungsplans wird der Gesamtkapitalbedarf des Vorhabens aufgestellt. Sie sollten ungefähr 10 % des Gesamtkapitals als Reserve für Unvorhergesehenes einplanen. Nach dem Bau oder Umbau der Gebäude und Räumlichkeiten und dem Kauf der Geräte und Einrichtungen sollten Sie noch genügend Geld zur Verfügung haben, um Warenbestand, Betriebsmittel und Vorräte zu bezahlen.

Die Mittelherkunft zeigt, aus welchen Quellen Sie die bevorstehende Investition finanzieren wollen. Neben einem Anteil Eigenkapital kann auch die eigene Leistung, die beim Bau der Gebäude eingebracht wird, monetär bewertet werden. Auf diese Weise ergibt sich in diesem Beispiel ein Eigenkapitalanteil von 40 %. Das restliche Kapital soll durch Privat- und Bankdarlehen erbracht werden. Privatdarlehen können z. B. von Kunden oder Verwandten kommen. Lassen Sie sich schriftlich belegen, dass Sie diese Mittel wirklich bekommen werden. Kontokorrent- und Betriebsmittelkredite sollten Sie nicht einplanen, weil diese zum Einen zu teuer sind und zum Anderen zum Ausgleich von kurzfristigen Liquiditätsengpässen benötigt werden, also nicht bereits von Anfang an verbraucht werden dürfen.

Umgang mit Fremdkapital

Wenn Sie Fremdkapital aufnehmen wollen, sollten Sie bei Ihrer Bank oder Ihren privaten Kreditgebern einen guten Eindruck hinterlassen. Falls Sie mit Kreditverhandlungen wenig Erfahrung haben, empfiehlt es sich, vorab mit einem erfahrenen Unternehmensberater zu reden und das Bankgespräch vorzubereiten.

Bevor Sie mit Ihren potentiellen Kapitalgebern ins Gespräch kommen, machen Sie sich klar, wie viel Fremdkapital Sie für Ihr Vorhaben benötigen werden und welche Sicherheiten Sie bieten können. Haben Sie einen Termin vereinbart, ist es wichtig, dass Sie gut vorbereitet sind, sämtliche Unterlagen dabei haben und ausreichend Zeit mitbringen.

Unterlagen für ein Bankgespräch
· Geschäftsplan,
· Buchführung der letzten zwei Jahre (falls vorhanden),
· Lebenslauf und Zeugnisse,
· Einkommens- und Vermögensauskunft (Formulare erhalten Sie bei allen Kreditinstituten),
· Verträge (Miet- oder Pachtverträge, Leasingverträge),
· Bericht über eine Existenzgründungsberatung,
· Personalausweis (wenn Sie noch kein Kunde des Instituts sind),
· Informationen über öffentliche Fördermittel.

Während des Gesprächs sollten Sie Ihr Projekt mit einem überzeugenden Auftritt darstellen und auf Ihre fachlichen und kaufmännischen Qualifikationen hinweisen. Denken Sie daran, dass die Bank vor allem daran interessiert ist, dass Sie mit Ihrem Geschäftsvorhaben genug Geld erwirtschaften, um den Kredit tilgen zu können. Sie müssen also den Umsatz, die Kosten und die Rendite Ihres Vorhabens in das Zentrum Ihres Vortrages rücken.

Erhalten Sie nach dem Gespräch eine negative Nachricht, erkundigen Sie sich über die Gründe und überarbeiten Sie Ihr Konzept dahingehend.

Erhalten Sie eine positive Antwort von Ihren Kreditgebern, sollten Sie sich die Kreditzusage schriftlich geben lassen. Wichtig ist, nach der Zusage den Kontakt zu dem Kapitalgeber nicht abreißen zu lassen und ihn rechtzeitig über alle Veränderungen zu informieren. Beachten Sie auch, dass nichts schlimmer für das gegenseitige Vertrauen ist als die Beantragung einer Nachfinanzierung oder gar die Überziehung des eingeräumten Kontokorrentkredites, ohne dass die Bank vorab über die Probleme informiert worden ist.

Kurzfristigen Mittelbedarf einplanen

Generell zeigt sich ein gutes Finanzierungsverhalten darin, dass Sie die Investitionen gründlich planen und umsichtig mit Ihren Mitteln umgehen, so dass Sie die Kreditlinien von Kontokorrent- und Betriebsmittelkrediten nur wenige Monate im Jahr beanspruchen. Bei guter Kapitalausstattung und Bonität Ihres Unternehmens sollten Sie auch kurzfristige Kredite zu günstigen Zinsen bekommen, so dass Sie nur 8 bis 9 % für Kontokorrentkredite und noch deutlich weniger für Betriebsmittelkredite zahlen müssen.

Dabei sollten Sie einplanen, dass es in Ihrem Betrieb zu ganz normalen saisonalen Schwankungen, wie dem „Sommerloch" in den Ferienzeiten kommen kann. In dieser Zeit nehmen Sie weniger ein, so dass Sie Liquiditätsprobleme bekommen können, wenn Sie zu knapp geplant haben. Abo-Kisten-Betreiber, die ihr Geld nicht bar einnehmen, berichten oft von Zahlungsverzögerungen und –ausfällen beim Bankeinzug. Planen Sie genügend Spielraum ein.

Weitere Informationen zu Finanz- und Investitionsplanung finden Sie in den Literaturhinweisen im Anhang.

Schlecht vorbereitete Bankgespräche gefährden viele Existenzgründungen in Deutschland
Nach den Resultaten einer Befragung der Industrie- und Handelskammer (IHK), an der rund 3.300 Interessenten teilnahmen, geht fast die Hälfte der Gründerinnen und Gründer mangelhaft vorbereitet in das Bankgespräch: 46 Prozent können Kreditinstituten kein ausgereiftes Geschäftskonzept vorlegen, 27 Prozent können Nachfragen zum eigenen Business-Plan nicht schlüssig beantworten. Diese Ergebnisse sind bedenklich. Denn Gründerinnen und Gründer müssen als seriöse und sichere Geschäftspartner auftreten. Angehende Gründerinnen und Gründer sollten das Bankgespräch im Vorfeld mit einem Fachmann üben. So lassen sich Missverständnisse in der Kommunikation und Lücken im Geschäftskonzept vermeiden. (Quelle: gruender-berater.de/ihk.de)

Baustein 8: Personalplanung

In vielen Fällen ist die Bäuerin oder eine andere Unternehmerperson für die Arbeitsorganisation verantwortlich. Sie muss überlegen, welche Tätigkeiten sie delegieren kann und welche Funktionen sie selbst ausüben sollte.

Aufgaben der Unternehmensführung

Aufgaben der Unternehmensführung sind von der verantwortlichen Person selbst zu erledigen. Hierzu gehören:
· allgemeine Planungen (z. B. Personalplanung, Aufnahme neuer Märkte oder Touren),
· Controlling (regelmäßige Überprüfung der betriebswirtschaftlichen Kenndaten),
· Mahnwesen,
· Kooperationen mit Lieferanten und anderen Direktvermarktungs-Betrieben,
· Sortiments- und Produktauswahl,
· Entwicklung geeigneter Werbemaßnahmen,
· Weiterbildung: Organisation von Verkaufsschulungen, Umsetzung gesetzlicher Verordnungen, optimale Nutzung der PC-Programme.

Aufgaben, die delegiert werden können

Zu diesen Aufgaben zählen:
· Auszeichnen und Einräumen der Verkaufsware,
· Warenpflege,
· Vorbereitung des Verkaufsraums,
· Auf- und Abbau eines Marktstandes,
· Waren-Bestellung,
· Waren-Eingangskontrollen,
· Verkaufstätigkeiten im Laden oder am Marktstand,
· Packarbeiten bei Abo-Kisten-Betrieben,
· Auslieferung von Abo-Kisten,
· Reinigungsarbeiten,
· Kundenservice: Telefondienst, Erstellung von schriftlichen Informationen.

Bei der Überlegung, ob Sie Aufgaben selbst erledigen oder delegieren können, sollten Sie darauf achten, dass Sie für Ihre Arbeitszeit ein angemessenes Einkommen erwirtschaften müssen. Dazu müssen Sie die Personalkosten im Blick behalten. Ihr Ziel sollte es sein, den Anteil der Personalkosten inklusive eines kalkulatorischen Unternehmerlohns für Ihre eigene Arbeitszeit unter 25 % des Umsatzes zu halten.

Pro Arbeitsstunde (Verkauf und Nebenzeiten) sollte ein durchschnittlicher Umsatz von 60,- € überschritten werden. Bei einem Personalkostenanteil von 20 bis 25 % vom Umsatz entspricht dieser Stundenumsatz maximalen Personalkosten von 12,- bis 15,- € pro Stunde. Bei günstigerem Personal können Sie auf diese Weise Unternehmergewinn erzielen.

So kalkulieren Sie den Arbeitszeitbedarf

Legen Sie Ihre Öffnungszeiten (Hofladen) bzw. Ihre Verkaufs- oder Lieferzeiten (Marktstand, Abo-Kiste) fest. Ob während der Öffnungszeiten eine oder mehrere Personen gleichzeitig tätig sein müssen, hängt vom erwarteten Umsatz ab. Je nach Bedienungsintensität kann eine Verkaufsperson einen Umsatz von 100,- bis 150,- € pro Stunde Verkaufszeit leisten. Bei einem höheren geplanten Umsatz muss mit weiterem Verkaufspersonal kalkuliert werden. Zur Verkaufstätigkeit müssen Sie die Vor- und Nachbereitung und die Zeit für Verwaltung und Management dazurechnen. Bei Hofläden und Marktständen fallen hierfür etwa 15 Stunden je Woche an.

Das folgende Beispiel für einen Hofladen zeigt, wie Sie den Arbeitszeitbedarf berechnen können:

Die geplanten Öffnungszeiten sind:
Dienstag 15.00 bis 19.00 Uhr
Freitag   15.00 bis 19.00 Uhr
Samstag   9.00 bis 13.00 Uhr

Bei einem erwarteten Umsatz von 400,- € reicht am Dienstag eine Person aus. Für Freitag und Samstag benötigen Sie bei einem geschätzten Tagesumsatz von je 800,- € zwei Personen im Verkauf. Die folgende Tabelle zeigt anhand dieses Beispiels, wie Sie die Arbeitszeiten planen können.

Checkliste: Arbeitszeitbedarf

· Technische Ausstattung optimieren
   Mit welchen Investitionen kann Arbeitszeit eingespart werden? (z. B. Warenwirtschaftssystem mit Bestellung, Scanner-Kasse, rationelle Marktausrüstung, Verbundwaagen-System)
· Arbeitsabläufe optimieren
   Abfolge der Vermarktungstätigkeiten, Ausbildung und Anleitung der Beschäftigten, Arbeitskapazitäten passend zum Arbeitsanfall organisieren
· Arbeitszeitbedarf für die Direktvermarktung kalkulieren
   Eine Arbeitskraft sollte pro Stunde einen Umsatz über 60,- € erzielen (Hofladen, Wochenmarkt, Abo-Kiste)

Beispiel: Arbeitszeitbedarf eines Hofladens mit drei Verkaufstagen in 50 Wochen pro Jahr

Wochentag	Öffnungszeiten	Öffnungsdauer	Umsatzziel	Personen	Arbeitszeitbedarf
Dienstag	15:00 bis 19:00 Uhr	4 Stunden	400,- €	1	4 Stunden
Freitag	15:00 bis 19:00 Uhr	4 Stunden	800,- €	2	8 Stunden
Samstag	9:00 bis 13:00 Uhr	4 Stunden	800,- €	2	8 Stunden
Vor- und Nachbereitung, Management und Verwaltung	pro Woche	-	-		15 Stunden
Gesamt	pro Woche		2.000,- €		35 Stunden
Gesamt	pro Jahr		100.000,- €		1.750 Stunden

Die Berechnung zeigt, dass bei einem geplanten Jahresumsatz von 100.000,- zeitweise zwei Personen mit insgesamt 1.750 Stunden pro Jahr benötigt werden. Daraus ergibt sich ein durchschnittlicher Umsatz von rund 57,- je Arbeitsstunde. Das Umsatzziel von über 60,- je Arbeitsstunde wird somit nicht ganz erreicht und es sind weitere Maßnahmen zur Steigerung von Arbeitsproduktivität und Umsatz zu prüfen. Die Checkliste oben hilft hierbei.

Tipp: Mit Aus- und Fortbildung zu gutem Personal

Der Arbeitsmarkt hält keine große Zahl an Fachkräften bereit. Manchmal können Sie gutes Personal aus Ihrem Kundenkreis akquirieren. Zudem gilt es, Ihre Mitarbeiter gezielt aus- und fortzubilden. Nutzen Sie dazu die Angebote der Beratungsorganisationen, Verbände und Bio-Großhändler!

Baustein 9:
Erfolgs- und Finanzplan

Die Erfolgsrechnung ist das betriebswirtschaftliche Herzstück des Geschäftsplans. Banken achten vor allem auf die ökonomischen Erfolgszahlen. In einer Planungsrechnung werden voraussichtliche Leistungen (Umsatzerlöse) den Kosten gegenübergestellt. Bleibt vom Umsatzerlös nach Abzug aller Kosten eine Stundenentlohnung von über 15,- Euro pro Unternehmer-Arbeitsstunde übrig, ist die Direktvermarktung in der Regel eine Alternative zu sonstigen Beschäftigungsmöglichkeiten.

In der Tabelle wird – beispielhaft für einen Abo-Kisten-Betrieb – eine Erfolgsrechnung für das Zieljahr dargestellt. In diesem Fall sollen die geplanten Leistungen und Umsätze nach einer Übergangs- und Entwicklungszeit von zwei Jahren erreicht werden.

Nach dieser Zeit soll ein Gewinn von gut 42.000,- Euro erwirtschaftet werden. Dieser Gewinn reicht aus, um den Lohn- und Zinsansatz zu decken. Es verbleibt ein kalkulatorisches Ergebnis von gut 12.000,- Euro für Risiko und Wagnis. Der Plan weist somit eine positive Rentabilität aus.

In der Praxis wird das eingesetzte Eigenkapital und die aufgewendete Arbeitszeit der Unternehmerfamilie häufig nicht angemessen vergütet. Mit einer sorgfältigen Planung können Sie eine zu geringe Wirtschaftlichkeit frühzeitig erkennen.

> Beachten Sie: Ihr Geschäftsplan muss für mehrere Jahre bis zur Erreichung des Zieles dargestellt werden. Üblicherweise werden drei Jahre vorausgeplant.

Tabelle: Erfolgsplanung für einen Abo-Kisten-Betrieb (bezogen auf ein Jahr)

Beispiel: 600 Kisten pro Woche à 20,- Euro netto		
	Betrag	in % vom Umsatz
Umsatz		
Umsatzerlöse (netto)	600.000,- €	
Bestandsveränderungen, Privatentnahmen, Sonstiges	5.000,- €	
Gesamtumsatz	**605.000,- €**	**100,0 %**
Kosten		
Wareneinsatz	363.000,- €	60,0 %
Personalkosten (Löhne, Gehälter)	121.000,- €	20,0 %
Gebäudekosten	12.100,- €	2,0 %
Kosten für Maschinen, Geräte und Kfz	30.250,- €	5,0 %
Versicherungen, Gebühren, Steuern, Buchführung, Beratung, Büro, Verwaltung	21.175,- €	3,5 %
Werbung	6.050,- €	1,0 %
Zinsaufwendungen	3.025,- €	0,5 %
Sonstige Kosten	6.050,- €	1,0 %
Gesamtkosten	**562.650,- €**	**93,0 %**
Ergebnisse		
Rohergebnis (Gesamtumsatz - Wareneinsatz)	242.000,- €	40,0 %
Gewinn (Gesamtumsatz - Gesamtkosten)	42.350,- €	7,0 %
Kalkulatorischer Unternehmerlohn (Lohnansatz 15,- €/Akh)	27.000,- €	
Kalkulatorische Zinsen (Zinsansatz 5 %)	3.025,- €	0,5 %
Kalkulatorisches Ergebnis (Gewinn - kalkulatorische Kosten)	12.325,- €	2,0 %

Im folgenden erläutern wir, wie Sie die einzelnen Posten Ihrer Erfolgsrechnung abschätzen können.

Umsatz berechnen und planen

Die Umsätze haben den größten Einfluss auf den Erfolg. Dementsprechend wichtig ist es, den Umsatz möglichst genau zu planen. Um eine realistische Einschätzung zu erhalten, sind bisherige Erfahrungen in der Direktvermarktung wichtig. Darüber hinaus benötigen Sie eine objektive Analyse des Umfeldes hinsichtlich Einzugsgebiet, Kundenpotential und Konkurrenzsituation. Mit der nachfolgenden Methode können Sie das durchschnittliche Potential Ihrer Region für eine bestimmte Einkaufsstätte abschätzen. Je nach Region und Einkaufsverhalten kann das Potential variieren. Die Lage der Einkaufsstätte in der Region ist wichtig und beeinflusst das Umsatzpotential erheblich. Außerdem muss das Umsatzpotential durch aktives Marketing erschlossen werden.

· **Pro-Kopf-Ausgaben für Lebensmittel im Durchschnitt in Deutschland:** 80 Mio. Menschen geben circa 130 Mrd. Euro pro Jahr für Lebensmittel aus. Somit beträgt der durchschnittliche Pro-Kopf-Verbrauch rund 1.600,- Euro pro Jahr.

· **Anzahl Einwohner im Einzugsgebiet:** Das Einzugsgebiet muss passend gewählt werden. Für einen Hofladen gelten je nach Produktangebot etwa 10 bis maximal 15 km als erschließbares Einzugsgebiet.

· **Marktpotential Öko in einer Region mit 30.000 Einwohnern:** Nach Angaben von ZMP beträgt das Marktpotential für Öko-Lebensmittel in Deutschland 3 % (ZMP: Ökomarkt Jahrbuch 2006). Somit kann das Marktpotential für die obige Region wie folgt errechnet werden:
Pro Kopf-Verbrauch x Einwohner x 3 %
Beispiel: 1.600,- Euro x 30.000 Einwohner x 3 % = 1.440.000,- Euro

· **Anteil der Einkaufsstätten** Von diesem Gesamtumsatz erzielen die jeweiligen Einkaufsstätten folgende Anteile (ZMP):
Direktvermarkter: circa 16 %
Naturkostladen: circa 26 %
Supermarkt: circa 28 %

· Somit ergibt sich nach obigem Beispiel für die Direktvermarktung folgendes **Marktpotential:** 1.440.000,- Euro x 16 % = 230.400,- Euro

· **Mehrere Anbieter im gleichen Gebiet:** Gibt es im gleichen Gebiet mehrere Hofläden, so muss das Ergebnis entsprechend durch die Anzahl der Hofläden geteilt werden. Andere Mitbewerber können der Lebensmitteleinzelhandel, Facheinzelhandel, Naturkosthandel, Wochenmarkt-Beschicker und Lieferdienste sein. Gibt es keinen Naturkostladen in diesem Gebiet, so kann möglicherweise dessen Marktpotential zusätzlich genutzt werden.

Umsatz je Kunde

Eine andere Möglichkeit, den Umsatz zu schätzen, besteht darin, von der Anzahl der potentiellen Kunden auszugehen. Mit den obigen Werten und Ihren Erfahrungen können Sie grob schätzen, wie viele Kunden regelmäßig bei Ihnen einkaufen könnten. Mit dieser Kundenzahl lassen sich an Hand der geschätzten Umsätze pro Kunde für die jeweiligen Absatzwege entsprechende Jahresumsätze ermitteln.

Hofladen: Mit Ihrer Hofladenvermarktung sollten Sie eine starke Bindung Ihrer Kunden an Ihren Betrieb erreichen. Machen Sie aus Gelegenheitskunden Stammkunden, die einen großen Teil Ihres Lebensmittelbedarfs bei Ihnen decken.
Beim Umsatz je Kundenbon erreicht der Naturkosthandel durchschnittlich 14,50 Euro. Dies entspricht etwa dem Umsatz je Kunde und Woche. Sie sollten versuchen, eine deutlich höhere Summe zu erreichen. Setzen Sie sich ein Ziel von 20,- Euro! Damit kann bei 250 Kunden pro Woche ein Umsatz von etwa 5.000,- Euro pro Woche oder 250.000,- Euro pro Jahr erzielt werden.

Wochenmarkt: Der Wochenmarkt lebt von der Vielfalt der Anbieter. Der Kunde kann seinen Lebensmittelbedarf auf dem Wochenmarkt an verschiedenen Ständen decken. Der einzelne Stand beschränkt sich auf seine Stärken, zum Beispiel auf Gemüse und Obst, Brot und Backwaren oder Käse und Milchprodukte. Deshalb wird hier in der Regel ein wesentlich geringerer Umsatz pro Kunde erzielt. Abhängig vom Produktangebot sind 7,- bis 10,- Euro realistisch. Um auf einen Tagesumsatz von 1.000,- Euro zu kommen, benötigen Sie also etwa 100 bis 150 Kunden, die auf dem Wochenmarkt bei Ihnen einkaufen.

Abo-Kiste: Der durchschnittliche Netto-Umsatz je Kiste sollte möglichst über 20,- Euro liegen. Manche Anbieter erheben eine Liefergebühr von 2,- bis 3,- Euro. Diese entfällt, wenn ein bestimmter Betrag, zum Beispiel 30,- Euro, überschritten wird. Gleichzeitig sollte auch ein Mindestbestellwert festgelegt werden, zum Beispiel 15,- Euro. Bei Unterschreitung sollte auf jeden Fall ein Mindermengenzuschlag erhoben werden. Bei 500 Abonnenten pro Woche kann so ein Umsatz von 10.000,- Euro/Woche oder etwa 500.000,- Euro/Jahr kalkuliert werden.

Auch Privatentnahmen sind Teil des Gesamtumsatzes

In welcher Höhe entnehmen Sie monatlich Produkte? Mit klaren und persönlichen Regelungen vermeiden Sie Fehleinschätzungen und Selbstbetrug. Aus ökonomischer Sicht und aus Sicht des Finanzamtes ist auch der nicht verbuchte Eigenverbrauch ein Umsatz des Direktvermarktungs-Betriebes. Es gibt mehrere Verfahren, die Höhe des Eigenverbrauchs festzustellen.

Am genauesten gehen Sie vor, wenn Sie Ihre sämtlichen Eigenentnahmen über die Registrierkasse verbuchen und diese Belege sammeln oder eine exakte Liste mit Eigen- und Sachentnahmen führen. Als Direktvermarkter kalkulieren Sie mit Ihren Großhandels-Einkaufspreisen inklusive der Mehrwertsteuer.

Etwas ungenauer ist es, den Eigenverbrauch in drei Monaten genau zu notieren und dann auf das entsprechende Jahr hochzurechnen.

Für eine aussagekräftige betriebswirtschaftliche Beurteilung sollten Sie Ihre individuellen Verbrauchswerte kennen. Manche Betriebe kommen mit unter 100,- Euro je Person und Monat aus, bei anderen liegt der Wert bei über 200,- Euro.

Finanzverwaltung und Eigenverbrauch

Wie geht die Finanzverwaltung mit dem Thema Eigenverbrauch um? Sind in der Buchführung keine Werte für den Eigenverbrauch ausgewiesen, versucht der Betriebsprüfer die Höhe des Eigenverbrauchs zu schätzen und als zusätzlichen Umsatz auszuweisen. Dazu befragt er den Betriebsleiter. Wenn keine Aufzeichnungen oder Schätzungen vorliegen, werden Pauschalbeträge eingesetzt. Das Bundesfinanzministerium hat Pauschalbeträge für den Eigenverbrauch von verschiedenen Gewerbezweigen veröffentlicht (Stand 2006):
· Gewerbezweig „Einzelhandel mit Nahrungs- und Genussmitteln": 1.512,- Euro pro Jahr je Haushaltsperson über zwölf Jahre; davon 1.140,- Euro mit ermäßigtem Steuersatz von 7 %, 372,- Euro mit vollem Steuersatz von 16 %;
· Im Gewerbezweig „Einzelhandel mit Obst, Gemüse, Südfrüchten und Kartoffeln": 360,- Euro pro Jahr je Haushaltsperson über 12 Jahre; davon 240,- Euro mit ermäßigtem Steuersatz von 7 %, 120,- Euro mit vollem Steuersatz von 16 %.

Wareneinsatz

Der größte Kostenblock ist der Wert des Wareneinsatzes. Die Planung des Wareneinsatzes ist daher entscheidend für die Rentabilität Ihres Unternehmens. Da Bio-Lebensmittel mittlerweile überall verfügbar sind, können die Kunden zunehmend Preisvergleiche anstellen. Sie werden selten bereit sein, für das gleiche Produkt und die gleiche Leistung einen höheren Preis zu zahlen. Bio-Supermärkte und der Lebensmitteleinzelhandel erhalten im Gegensatz zum Direktvermarkter oft günstigere Einkaufskonditionen und können ihre Ware somit auch günstiger anbieten.

Sie müssen sich also Wettbewerbsvorteile schaffen, indem Sie besondere Produkte mit Alleinstellungsmerkmalen und einen speziellen Service anbieten. Zudem können Sie durch Frische und durch Herkunftssicherheit überzeugen.

Als Zielgröße sollten Sie 66 % Ihres Umsatzes für den Wareneinsatz verwenden. Als Abo-Betrieb sollten Sie deutlich darunter liegen (60 %). Dazu müssen Sie zwei Dinge im Griff haben:
· Die Kalkulation der Preise: Ein zu geringer Handelsaufschlag führt sehr schnell zu einem zu hohen Anteil der Wareneinsatzkosten. Es bleibt zu wenig vom Gewinn zur Deckung aller übrigen Kosten.
· Verluste und Schwund: Diese sollten unter 5 % liegen. Zu hohe Verluste treiben den Wareneinsatz in die Höhe und schmälern den Gewinn. Verderb: Erzeugnisse, deren Haltbarkeitsdaten ablaufen oder die aus Frischegründen unverkäuflich sind, sollten Sie in einer so genannten Verderbliste eintragen. Hier werden Datum, Produktname, Menge, Einkaufspreis inklusive MwSt. und Verkaufspreis inklusive MwSt. festgehalten. Mit Hilfe der Liste können Sie ermitteln, wie hoch der Anteil unverkäuflicher Ware gewesen ist. Diese Waren können je nach Zustand mit einem Abschlag von 50 bis 80 % auf den Einkaufspreis in den Eigenverbrauch einfließen. Die Verderbliste kann zudem herangezogen werden, um Schwächen im Sortiments-Management aufzuspüren und mit abgesicherten Informationen Ihr Sortiments-Angebot regelmäßig kritisch zu hinterfragen.

> **So berechnen Sie Wareneinsatz, Handelsspanne und realisierten Handelsaufschlag:**
>
> Wareneinsatz = Wareneinkauf + Wert der eigen erzeugten Lebensmittel +/-Bestandsveränderungen
> Rohergebnis oder Rohertrag = Gesamtumsatz - Wareneinsatz
> Handelsspanne = Rohertrag in % vom Umsatz (Rohertrag/Umsatz x 100)
> Realisierter Handelsaufschlag = Rohertrag in % vom Wareneinsatz (Rohertrag/Wareneinsatz x 100)

Preiskalkulation

Ein Wareneinsatz von 66 % bzw. bei Abo-Kisten-Betrieben von weniger als 60 % trägt wesentlich zur Wirtschaftlichkeit Ihrer Direktvermarktung bei. Das bedeutet, dass Sie insbesondere bei Frischprodukten mit Preisaufschlägen von 70 bis über 100 % auf den Nettoeinkaufspreis kalkulieren sollten, um auch vermarktungsbedingte Verluste, zum Beispiel durch Verderb oder Wiegeverluste, ausgleichen zu können.

Mit den obigen Formeln lässt sich aus den Buchführungsdaten für Ihren Wareneinsatz die Handelsspanne und der realisierte Handelsaufschlag errechnen. Mit Hilfe der nachfolgenden Tabelle können Sie den durchschnittlich zu kalkulierenden Handelsaufschlag ermitteln. Bei einem Verlust von 10 % und einem realisierten Handelsaufschlag von 50 % (entspricht 66 % Wareneinsatz) müssen Sie einen durchschnittlichen Handelsaufschlag von 77 % auf den Nettoeinkaufspreis kalkulieren. Der Bruttoverkaufspreis errechnet sich dann aus Netto-Einkaufspreis x 1,77.

Tabelle: Berechnung des Handelsaufschlages auf den Nettopreis

Netto-Einkaufspreis Großhandel (€)	100,00	100,00	100,00	100,00	100,00	100,00
Anteil Verluste/Schwund (%)	10	10	5	5	3	3
Einkaufspreis inklusive Verluste (€)	110,00	110,00	105,00	105,00	103,00	103,00
zu realisierender Handelsaufschlag (%)	50	80	50	80	50	80
Nettoverkaufspreis (€)	165,00	198,00	157,50	189,00	154,50	185,40
Mehrwertsteuer (%)	7	7	7	7	7	7
Bruttoverkaufspreis (€)	176,55	211,86	168,53	202,23	165,32	198,38
kalkulierter Handels-Aufschlag inklusive MwSt. (%)	76,6	111,86	68,5	102,23	65,32	98,38
Aufschlagfaktor auf den Nettopreis	1,77	2,12	1,69	2,02	1,65	1,98

Die Tabelle zeigt, wie aus einem Nettopreis von 100,- € ein Aufschlag von 50 oder 80 % zu realisieren ist. Zusätzlich wird der Schwund mit drei verschiedenen Werten berücksichtigt. Das hat seine Gründe in der unterschiedlichen Haltbarkeit der Produkte. So wird bei leichtverderblichen Produkten, wie Feingemüse und Salat, ein 10 %-Verlust angenommen, während bei Kühlprodukten wie Joghurt mit 5 % Verlust und bei ungekühlten, haltbaren Produkten wie Nudeln mit 3 % Verlust gerechnet werden muss.

Bei Produkten, die beim Naturkostgroßhandel zugekauft werden, sind häufig Preisempfehlungen vorgegeben. Meistens ist es sinnvoll, sich an diesen Empfehlungen zu orientieren. Wie sich diese Preisempfehlungen errechnen, kann mit Hilfe von Aufschlagfaktoren ermittelt werden (siehe Kasten).

> **Empfohlene Aufschlagfaktoren im Naturkost-Einzelhandel nach Produktgruppen**
>
> Netto-Einkaufspreis (EK) x kalk. Handelsaufschlag = Brutto Verkaufspreis (VK)
> Trockenware: EK x 1,65
> Wein: EK x 1,75
> Molkereiprodukte: EK x 1,3 bis 1,4
>   Signalprodukte (Butter, Sahne) und
>   Preisschwellen beachten
> Tiefkühlkost: EK x 1,4 bis 1,6
> Käse: EK x 1,8 bis 2,0
> Obst & Gemüse: EK x 1,6 bis 2,0
>
> Quelle: Karin Romeder, Ökoring Handelsgesellschaft, Mammendorf

Verluste vermeiden und Verlustquellen aufspüren

Es lohnt sich, die Ursachen für einen zu hohen Wareneinsatz oder einen zu geringen realisierten Handelsaufschlag zu ergründen.
Folgende Verlustquellen kommen in Betracht:
· Verderb, Bruch, Überschreitung des Mindesthaltbarkeitsdatums;
· Gewichtsverluste, zum Beispiel bei Käse, Wurst und Gemüse;
· Minderlieferungen bei fehlender Lieferscheinkontrolle;
· Kundenreklamationen, die aus Kulanzgründen nicht berechnet wurden;
· nicht verbuchte Privatentnahmen;
· verschenkte Ware an Freunde;
· Mitarbeiterverzehr während der Arbeitszeit;
· Sonderpreise, Gebindepreise, Kundenrabatte, Mitarbeiterrabatte;
· Aktionen, Dauerniedrigpreise;
· Abrundung, Fehler oder Inkonsequenz bei der Preiskalkulation;
· fehlende Preiserhöhung bei Erhöhung des Einkaufspreises;
· Wiegeverluste;
· Tippfehler;
· unerklärliche Kassenfehlbeträge;
· Waren-Diebstahl durch Kunden, Mitarbeiter oder Lieferanten;
· Kassendiebstahl.
Das Führen einer Verderbliste wird alle mit der Direktvermarktung betrauten Personen für dieses spezielle Problem sensibilisieren. Liegt Ihr Warenwert über 70 % des Umsatzes, sollten Sie die Ursachen systematisch überprüfen.

Personalkosten

Für Ihre Erfolgsrechnung sollten Sie am besten zunächst den Gesamtarbeitszeitbedarf ermitteln (siehe auch „Arbeitszeitbedarf kalkulieren", Seite 47).
Rechnen Sie dann mit einem durchschnittlichen Lohn (brutto) oder Lohnansatz von zum Beispiel 7,- bis 10,- Euro für Hilfskräfte und 10,- bis 15,- Euro für Fachkräfte. Auch Ihre Unternehmerarbeitsstunden sind zu bewerten; setzen Sie mindestens 15,- Euro je Stunde an. Ihre gesamten Personalkosten sollten unter 25 % des Umsatzes liegen!

Gebäude- und Maschinenkosten

Hohe Investitionen belasten den Erfolg einer Direktvermarktung. Als grobe Orientierung gilt: Die Festkosten für Maschinen und Gebäude sollten unter 8 % der Gesamtkosten liegen. Bedenken Sie aber, dass zu geringe Investitionen in Technik und Gebäude in der Praxis schnell zu beengten und umständlichen Arbeitsprozessen führen.
Die festen Gebäude- und Maschinenkosten bestehen aus:
· Abschreibung, Miete, Leasingraten;
· Unterhaltung, Reparaturen;
· Versicherung.

Abschreibungen und Miete

Aus der geplanten Investitionssumme werden über eine bestimmte Nutzungsdauer die jährlich anfallenden Festkosten ermittelt. Der Abschreibungssatz ergibt sich aus dem vollen Anschaffungswert, der durch die Nutzungsjahre, zum Beispiel acht Jahre, geteilt wird. In diesem Fall beträgt der Abschreibungssatz 12,5 %.

> Anschaffungswert Gebäude und
> Maschinen/Nutzungsdauer (in Jahren)
> = jährliche Abschreibung (AfA)

Betriebsleiter laufen oft Gefahr, die Nutzungsdauer für Gerätschaften und bauliche Anlagen zu lang zu veranschlagen und damit die Gewinnaussichten zu optimistisch zu kalkulieren. Steuerlich übliche Nutzungsdauern von zehn Jahren bei Maschinen und Geräten und 20 bis 25 Jahren bei Gebäuden sind keine Seltenheit. Daraus ergeben sich Abschreibungssätze von 10 % bei Maschinen und 4 bis 5 % bei Gebäuden. In der Praxis sind Geräte hinsichtlich ihrer Kapazität und ihrem technischen Stand bereits nach acht Jahren überholt und werden somit mit einem AfA-Satz von 12,5 % besser erfasst.
Die Ansätze für die Abschreibung von Maschinen und Geräten variieren sehr stark und sollten individuell angepasst werden, zum Beispiel muss bei starker Beanspruchung eine geringere Nutzungsdauer veranschlagt werden.

Richtwerte für die Nutzungsdauer
Kurzlebige elektronische Geräte
wie Computer und Drucker:
    Abschreibungssatz 33 %
    Nutzungsdauer 3 Jahre
Langlebige Geräte wie Kühltheke, Verkaufstheke:
    Abschreibungssätze bis zu 10 %
    Nutzungsdauer 10 Jahre

Auch Gebäude werden oft schon nach 12 bis 18 Jahren erweitert oder umgenutzt. Falls dies absehbar ist, sollten die Gebäude entsprechend mit den angemessenen Sätzen von 5,5 bis 8,5 % abgeschrieben werden.

Bauen oder mieten?

Wer einen Hofladen mieten möchte, sollte als Orientierungswert nicht mehr als 4 % des Umsatzes für die Kaltmiete ausgeben. Eine andere Faustregel besagt, dass eine monatliche Kaltmiete einen durchschnittlichen Tagesumsatz nicht überschreiten sollte. Bei 25 Verkaufstagen pro Monat werden an einem Tag durchschnittlich 4 % umgesetzt. Entsprechend sollten Ihre jährlichen Kosten für Hofladen-Gebäude 4 % des Umsatzes nicht übersteigen. Bei Marktstand- und Abo-Kisten-Betrieben sollten die Gebäudekosten maximal 3 % des Umsatzes erreichen.

Unterhalt

Die jährlichen Kosten für Gebäudeunterhalt und Instandsetzung sollten Sie in Ihrer geplanten Erfolgsrechnung mit 1,5 % der Investitionssumme ansetzen. Auch wenn Sie in manchen Jahren darunter oder darüber liegen, ist dieser Wert über mehrere Jahre gesehen realistisch.
Die jährlichen Unterhaltungskosten für Maschinen und Geräte können bei Maschinen mit 3 bis 4 % des Anschaffungswertes veranschlagt werden. Die Versicherungskosten können Sie mit 0,2 bis 0,5 % der Anschaffungskosten kalkulieren.
Hinzu kommen die variablen Kosten für Treibstoff und Strom. Sie hängen zu einem großen Teil von der Zahl der angefahrenen Märkte oder von der Zahl der belieferten Kunden bei Abo-Systemen ab.
Die Aufwendungen für Maschinen, Geräte und Kraftfahrzeuge inklusive Treibstoff sollten bei
· Hofläden unter 3 % des Umsatzes
· Marktstandbetriebe unter 5 % des Umsatzes
· Abo-Betriebe unter 7 % des Umsatzes
liegen.

Sonstige Kosten: Verwaltung und Management

Dieser Kostenblock enthält alle Ausgaben für Buchführung und Steuerberatung, Werbung, Beiträge und Gebühren, sonstige Versicherungen, Reisekosten, Weiterbildung, Zeitschriften, Beratung, Büromaterialien, Müllabfuhr, betriebliche Steuern und Zinsen.
Die gesamten sonstigen Kosten sollen nicht mehr als 6 % des Umsatzes ausmachen. Dabei sollten Sie für Ihre Werbemaßnahmen etwa 1 % des Umsatzes einplanen. Beim Auf- und Ausbau einer Direktvermarktung können einmalig auch höhere Aufwendungen für Werbung und Kommunikation erforderlich sein.

> Achten Sie auf die Zinsaufwendungen. Durch Verhandlungsgeschick und gute Investitionsplanung können Sie eine geringe Zinsbelastung erreichen.

Geld- und Gewinnbedarf

Ihr Gewinn sollte mindestens den privaten Aufwand der mitarbeitenden Personen der Unternehmerfamilie sowie Ihre private Altersvorsorge und Sozialversicherungsabgaben decken. Prüfen Sie dazu Ihren privaten Bedarf! Zudem muss der Gewinn so hoch sein, dass Sie Fremdkapital tilgen und Eigenkapital bilden können. Nur wenn Sie rechtzeitig Rücklagen aus Eigenkapital gebildet haben, werden Sie die Direktvermarktung nachhaltig rentabel betreiben können. Mit dem zusätzlichen Eigenkapital können Sie später neu investieren und sich am Markt weiter entwickeln.

Berücksichtigen Sie auch allgemeine Preissteigerungen sowie Ihren Bedarf nach technisch höherwertigen Geräten, zum Beispiel bei der Kassen- und Waagentechnik. Technisch weiterentwickelte Geräte sind teurer als die vorhergehende Anschaffung. Außerdem sollten Sie Ihr Unternehmen flexibel an veränderte Verhältnisse anpassen können und somit zukunftsfähig halten, zum Beispiel durch eine Veränderung des Sortiments, Modernisierung der Ausstattung oder eine Erhöhung des Umsatzes.

Eigenkapital bilden, aber wie viel?

Als Zielgröße sollte eine Eigenkapitalbildung von 10.000,- Euro/Jahr und voller Unternehmerarbeitskraft angestrebt werden. Eine andere Faustzahl besagt, dass vom Neuwert des abschreibbaren Anlagevermögens 5 % als jährliche Eigenkapitalbildung im Unternehmen bleiben sollten. Abschreibbare Anlagevermögen sind im Wesentlichen die Maschinen, Einrichtungen und Gebäude.

In der folgenden Tabelle sind Anhaltswerte für den Geld- und Gewinnbedarf aufgezeigt. Diese Werte können in Ihrem Unternehmen ganz anders ausfallen. Deshalb sollten Sie Ihre Zahlen individuell ermitteln. Zudem wird in vielen Fällen ein Teil des Gewinnbedarfes auch von anderen Betriebszweigen oder durch außerlandwirtschaftliches Einkommen erwirtschaftet.

Tabelle: Geld- und Gewinnbedarf für einen Vier-Personen-Haushalt (in Euro)*

	Pro Jahr	Pro Monat	Faustzahl/ Person und Jahr
Verpflegung	8.000,-	667,-	2.000,-
Haushalt	1.000,-	83,-	250,-
Wohnen	8.000,-	667,-	2.000,-
Bekleidung	1.500,-	125,-	375,-
Bildung, Freizeit, Geschenke, Spenden	3.000,-	250,-	750,-
Pkw, Fahrten, Post	3.000,-	250,-	750,-
Lebenshaltungsaufwand	24.500,-	2.042,-	6.125,-
Private Versicherungen (KV, RV, Haftpflicht, Hausrat)	8.000,-	667,-	2.000,-
Private Steuern	5.000,-	417,-	1.250,-
Private Vermögensbildung	6.000,-	500,-	1.500,-
Haushaltsaufwand	43.500,-	3.626,-	10.875,-
Eigenkapitalbildung	10.000,-	833,-	
Gewinnbedarf	53.500,-	4.459,-	

* Quelle: verändert nach Auswertungen der LfL; Bayern, Weinberger-Miller 2005

Geordneter Rückzug – Sollte ich die Finger davon lassen?

Viele Direktvermarkter stehen von zwei Seiten unter Druck. Einerseits gilt es, kostendeckende Preise zu realisieren, auf der anderen Seite nimmt die Konkurrenz der Discounter und Supermärkte zu, die Bio-Ware zu vergleichsweise niedrigen Preisen anbieten.

Wenn sich bereits in der Planungsphase zeigt, dass der erwartete Erfolg der Investition ausbleiben wird, sollten Sie sich nicht davor scheuen, rechtzeitig die Bremse zu ziehen und den Rückzug anzutreten. Relativ einfach ist dies noch, bevor eine Investition getätigt wurde. Doch wann ist der Zeitpunkt für einen Ausstieg erreicht, wenn man bereits kräftig investiert hat, und der Betriebszweig ohne den erwarteten Erfolg läuft? Eine wichtige Kennzahl dafür ist die **Entwicklung des Eigenkapitals.** Wenn in diesem Betriebszweig drei Jahre hintereinander Eigenkapital abgebaut wurde, sollten dringend Maßnahmen eingeleitet werden, die den Abfluss stoppen.

Bevor Sie sich für den Ausstieg entscheiden, sollten Sie die Ist-Situation Punkt für Punkt analysieren und nach den Ursachen für den mangelnden Erfolg suchen. Dabei gehen Sie genauso vor, wie wir es im ersten Abschnitt dieses Buches für die Analyse mit Hilfe der Betriebszweigabrechnung und von Kennzahlen dargestellt haben. Wenn Sie die Defizite erkannt haben, sollten sie realistisch prüfen, ob die Entwicklung mit einer der folgenden Maßnahmen in eine positive Richtung gelenkt werden kann:

· Steigerung der Umsätze mit einer veränderten Marketingstrategie;
· Einsparungen bei den Privatausgaben;
· Senkung der Personalkosten;
· Einsparungen beim Wareneinsatz und den übrigen Kosten;
· Erstellung eines Konsolidierungs- und Maßnahmenplans zusammen mit einem Berater.

Parallel dazu sind folgende Fragen zu prüfen:
· Wie hoch sind die Verbindlichkeiten? Wie können sie abgetragen werden?
· Gibt es jemand, der das Geschäft übernehmen kann und möchte?
· Welche Möglichkeiten eines Zusatzeinkommens gibt es?
· Wer kann hier behilflich sein?

Je klarer das Bild ist, das Sie sich von der Situation machen, desto leichter können Sie die Probleme durch gezielte Maßnahmen anpacken.

Da es sich bei dem Rückzug aus einer Planung oder einem Betriebszweig um eine schwierige persönliche Entscheidung handelt, neigt man leicht dazu, die Dinge hinauszuzögern. Um drohende Nachteile daraus zu vermeiden, empfehlen wir Ihnen, einen neutralen Berater als objektive Instanz hinzuzuziehen. Eine wichtige Hilfe können hier die sozioökonomischen und die Schuldenberatungsstellen sein.

Planung umsetzen und kontrollieren

Meilensteinplanung

Im Abschnitt Erfolgs- und Finanzplanung haben wir beschrieben, wie man für
ein künftiges Zieljahr plant. In der Praxis bedarf es mehrerer Jahre und vieler
kleiner Schritte, um dieses Ziel zu erreichen. Hierfür sollten Sie eine Meilen-
steinplanung machen. Sie verschafft Ihnen einen besseren Überblick, wann
welche Schritte erfolgen müssen, und Sie können immer wieder abgleichen,
ob das, was Sie erreicht haben, noch mit der ursprünglichen Planung überein-
stimmt. Die nachfolgende Grafik stellt einen Auszug aus einer solchen Meilen-
steinplanung vor.
Zusätzlich zu einer solchen grafischen Übersicht können tabellarische Aufstel-
lungen zu einzelnen Meilensteinen sinnvoll sein, wie zum Beispiel zum Geld-
und Personalbedarf zu bestimmten Zeitpunkten.

Zahlungs- und handlungsfähig bleiben

Auch ein an sich rentabler Betriebszweig kann in Schieflage geraten und
letztlich scheitern, wenn ihm vorübergehend finanziell die Puste ausgeht. Die
„Puste" heißt fachsprachlich „Liquidität". Sie ist die Fähigkeit des Unterneh-
mers, jederzeit seinen Zahlungsverpflichtungen nachkommen zu können. In
der Gründungsphase kann dies häufig zu einem Stolperstein werden. Da die
Erfahrung aus früheren Jahren fehlt, können Einsteiger nicht genau abschätzen, welche Zahlungen wann auf sie zukommen. Dies lässt sich vermeiden
indem schon in der Planungsphase ein Liquiditätsplan aufgestellt wird. Hierbei
werden die erwarteten Einnahmen und die erwarteten Ausgaben Monat für
Monat aufgelistet und darauf geachtet, dass dabei eine ausreichende Liquidität gesichert bleibt. Für Beträge, deren Höhe nicht genau bekannt ist, müssen
Annahmen getroffen und Reserven für Unvorhergesehenes bereitgestellt werden.

Meilensteinplanung für einen Hofladen

Meilensteinplanung	Hofladen Schulze														
Zeitraum	1. Oktober 2006 bis 15. Dezember 2007														
Jahr	2006			2007											
Monat	10	11	12	1	2	3	4	5	6	7	8	9	10	11	12
Arbeitsschritte															
Kunden- und Marktanalyse															
Wettbewerber und Läden besuchen	▓														
Märkte und Kundenpotential erforschen		X													
Markt- und Umsatzpotential bestimmt		X													
Phase 1: Genehmigung															
Bauvoranfrage		▓													
Plan einreichen			▓												
Nachbesserungen				▓											
Plan eingereicht und genehmigt							X								
Phase 2: Angebote, Kostenplanung															
Angebote einholen			▓												
Angebote vergleichen			▓												
Investitionsplan erstellen				▓											
Investitionsplan erstellt					X										
Phase 3: Finanzierung sichern															
Bankgespräch mit Berater						▓									
Geschäftsplan erstellen und anpassen		▓	▓	▓	▓	▓	▓								
Geschäftsplan bei Bank präsentieren							▓								
Finanzierungszusage							X								
Phase 4: Handwerker und Werbung															
Werbung, Logo, Werbematerial erstellen								▓							
Checkliste für Aufträge bzw. Ausschreibung								▓							
Aufträge vergeben								X							
Werbematerial erstellt											X				
Phase 5: Umbaumaßnahmen															
Entkernen mit eigenem Personal							▓	▓							
Rohbauarbeiten Unternehmer									▓	▓					
Ausbauarbeiten Unternehmer										▓	▓				
Laden technisch verkaufsfertig												X			
Phase 6: Werbung, Kundengewinnung															
Hoffest und Probeverkäufe													▓		
Auftritte auf Messen														▓	
Zeitung, Handzettel erstellen, verteilen														▓	▓
Werbung und Logo verbreitet															X
Phase 7: Warenbestellung, Eröffnung															
Pressetermin organisieren														▓	
Waren bestellen														▓	
Eröffnungsfeier														▓	▓
Nachbetreuung der Presse														▓	
Eröffnung, Nachbetreuung															X
Soll/Ist Vergleich für Meilensteine		▓		▓		▓		▓			▓			▓	▓

Erläuterung:
▓ Bearbeitungszeitraum
X Meilenstein

57

Liquiditätsplan – Beispiel Wochenmarkt

Das nachfolgende Beispiel zeigt einen Ausschnitt aus einem Liquiditätsplan des Direktvermarkters Müller mit mehreren Wochenmärkten. Die Einnahmen und Ausgaben werden monatlich als Sollzahlen eingetragen. Daraus werden die Sollsummen für das Quartal errechnet. Den Sollzahlen stellt Müller nach Quartalsende die Ist-Zahlen gegenüber. Dies erledigt er immer sofort. Da er ohnehin zu jedem Quartal seine Umsatzsteuererklärung fertig haben muss, lässt er sich vom Steuerberater einen Geldbericht mit den Ist-Zahlen ausdrucken, die er in den Liquiditätsplan einträgt. So kann er sofort erkennen, ob die Sollzahlen erreicht wurden und wo es Abweichungen gab.

Der Liquiditätsplan zeigt in diesem Fall, wie sich Einnahmen und Ausgaben im 3. Quartal voraussichtlich entwickeln. Der Kontostand bleibt durchgehend positiv, daher sind in diesem Zeitraum keine weiteren Maßnahmen nötig.

Tabelle: Liquiditätsplanung für einen Wochenmarktbetrieb

Wochenmärkte Müller	Quartals-Liquiditätsplanung:				
	Jul 06	Aug 06	Sep 06	Quartal III	Quartal III
				Soll	Ist
Umsatzerlöse Zukauf	4.000 €	2.500 €	4.000 €	10.500 €	
Umsatzerlöse eigen erzeugt	8.000 €	6.500 €	10.000 €	24.500 €	
Umsatzerlöse Sonstiges					
Einnahmen	12.000 €	9.000 €	14.000 €	35.000 €	
Wareneinsatz Zukauf Eigenbetrieb	5.000 €	4.000 €	6.500 €	15.500 €	
Wareneinsatz Zukauf Partner	1.000 €	500 €	1.200 €	2.700 €	
Wareneinsatz Handelsware	1.800 €	1.200 €	1.500 €	4.500 €	
Wasser, Abwasser	30 €	30 €	30 €	90 €	
Strom	40 €	40 €	40 €	120 €	
Hilfsstoffe (Verpackungsmaterial, Etiketten)		150 €		150 €	
Standgebühren, Spedition, Frachten	120 €	120 €	120 €	360 €	
Löhne und Gehälter	1.000 €	800 €	800 €	2.600 €	
Lohnnebenkosten	200 €	160 €	160 €	520 €	
Kfz-Steuern und -Versicherung		600 €		600 €	
Kfz Treib- und Schmierstoffe	80 €	80 €	80 €	240 €	
Kfz Reparaturen, Kundendienst			500 €	500 €	
Buchführung/Steuerberatung			1.000 €	1.000 €	
Werbung	150 €		300 €	450 €	
Weiterbildung, Zeitschriften, Beratung			100 €	100 €	
Telefon, Fax, Internet	60 €	60 €	60 €	180 €	
Schreib- und Büromaterial, Porto	30 €		50 €	80 €	
Sonstige Kosten	100 €	250 €	250 €	600 €	
Zinsen	250 €	250 €	250 €	750 €	
Betriebliche Ausgaben	9.860 €	8.240 €	12.940 €	31.040 €	
Privatentnahme	1.000 €	1.000 €	1.000 €	3.000 €	
Tilgung	300 €	300 €	300 €	900 €	
Summe Ausgaben	11.160 €	9.540 €	14.240 €	34.940 €	
Saldo	840 €	-540 €	-240 €	60 €	
Liquidität (= Kontostand) Kontostand am Anfang 3000 €	3.840 €	3.300 €	3.060 €	3.060 €	

Nach der Planung folgt die Kontrolle

Die zentralen Elemente der Unternehmenssteuerung sind Analyse, Planung und Kontrolle. In den vorigen Abschnitten haben wir die Analyse und Planung einer Direktvermarktung kennengelernt. Nachdem Sie Ihre Planungen vorgenommen und realisiert haben, schließt sich der Regelkreis zur Analyse mit der laufenden Kontrolle des Geschäftsbetriebs:

Mit der Kontrolle beantworten Sie folgende Fragen:
· Was wurde erreicht?
· Wo erfolgten Änderungen aufgrund gewollter Anpassungen?
· Wo fanden unbeabsichtigte Abweichungen statt und warum?
· Wie werden unbeabsichtigte Abweichungen künftig vermieden?

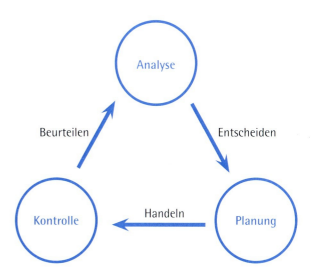

Um den Erfolg Ihres Unternehmens kontinuierlich zu überwachen und zu sichern, dürfen Sie es nicht bei einer einmaligen Kontrolle bewenden lassen. Sie sollten die wichtigen Kennzahlen laufend im Auge haben. Neudeutsch wird dies „Controlling" genannt. So können Sie erkennen, ob alles in die gewollte Richtung läuft. Falls die tatsächlichen Ergebnisse Ihres Unternehmens oder Betriebszweiges nicht Ihren Planungen und Erwartungen entsprechen, können Sie frühzeitig und zügig Veränderungen angehen und erneut planen.

Ihre Kennzahlen als Plakat

Hängen Sie an einem geeigneten Platz ein Plakat mit den zehn wichtigsten Kennzahlen und Zielgrößen für Ihren Betrieb auf. Neben die Zielgrößen schreiben Sie in regelmäßigen Abständen die tatsächlich erreichten (Ist-)Zahlen. Sie haben damit die wichtigsten Informationen über die Entwicklung Ihres Unternehmens vor Augen. Die folgende Abbildung zeigt ein Beispiel.

(gut sichtbar im Büro aufhängen) Meine 10 wichtigsten Kennzahlen und Zielgrößen im Hofladen Monat: Juni 2006			
Kennzahlen	Soll (Monat)	Ist (Monat)	Abweichung
Gesamtumsatz	17.000,- €	14.400,- €	2.600,- €
Umsatz je Arbeitsstunde	> 60,- €	53,20 €	6,80 €
Umsatz je Kunde + Bon	> 16,- €	12,53 €	3,47 €
Wareneinsatz in % vom Umsatz	< 66 %	68,3 %	2,3 %
Personalkosten in % vom Umsatz (inklusive Unternehmer Akh mit 15,- €)	< 21 %	22 %	1 %
Kosten für Gebäude, Maschinen, und Kfz in % vom Umsatz	< 8 %	7,7 %	0,3 %
Sonstige Kosten in % vom Umsatz (Buchführung, Werbung, Beiträge, sonst. Versicherungen, Reisekosten, Weiterbildung, Beratung, Büro, Müllabfuhr, Zinsen)	< 5 %	6,5 %	1,5 %
Gewinnbeitrag des Hofladens	2.400,- €	1.820,- €	580,- €
Arbeitszeit Unternehmer Akh	140	164	24
Gewinn je Unternehmer Akh	> 17,- €	11,10 €	5,90 €

Ausblick

Unsere Analyse hat gezeigt, dass die Direktvermarktung in der Praxis nicht immer rentabel betrieben wird. Häufig sind die Handelsspannen und die Arbeitsproduktivität zu gering. Dennoch ist die Direktvermarktung meist ein sinnvoller Bestandteil landwirtschaftlicher Unternehmen und trägt dazu bei, das Einkommen zu erhöhen und zu stabilisieren. Die Unterschiede in den Erfolgszahlen zeigen, dass bei manchen Betrieben noch viel Potential zur wirtschaftlichen Optimierung schlummert. Eine gezielte betriebswirtschaftliche Analyse deckt ungenutzte Potentiale, Stärken und Schwächen auf. Das Programm auf der CD in diesem Buch unterstützt Sie dabei.

Mit Hilfe von Vergleichszahlen können Sie Besonderheiten Ihres Betriebs und Abweichungen zu anderen Betrieben aufdecken. Abweichungen erklären sich oft durch den Standort, durch die besondere Produktpalette Ihres Betriebs und andere Faktoren. Vergleichsdaten liefern Hinweise auf Besonderheiten, Stärken und Schwächen Ihres Betriebs. Sehen Sie dies als Herausforderung für die Weiterentwicklung und Optimierung Ihres Unternehmens an! Dann haben Sie schon den ersten Schritt getan, um künftig ein noch besseres Ergebnis zu erreichen.

Über die einmalige Planung und Optimierung hinaus sollten Sie Ihren betriebswirtschaftlichen Erfolg laufend beobachten und steuern. So können Sie erkennen, ob alles in die gewollte Richtung läuft. Falls die tatsächlichen Ergebnisse nicht Ihren Planungen und Erwartungen entsprechen, können Sie frühzeitig und zügig Veränderungen angehen.

Eine ausgezeichnete Hilfe dafür ist die Teilnahme an einem überbetrieblichen Vergleich in einem Direktvermarkter-Arbeitskreis. Falls Sie daran Interesse haben, können Sie sich an die Autoren wenden.

Danksagung

An dieser Stelle möchten wir allen danken, die uns bei der Erstellung dieses Buches unterstützt haben:

den Betrieben, die an der Analyse teilgenommen und uns ihre Daten zur Verfügung gestellt haben;

unseren Ehefrauen und Familien für die persönliche Unterstützung;

unseren Kollegen für die fachliche und organisatorische Hilfe;

Marc Albrecht-Seidel, Verband für handwerkliche Milchverarbeitung, Haag;

Klaus Braun, Kommunikationsberatung, Speyer am Rhein;

Jochen Fritz, Beratungsdienst Rottenburg;

Karin Romeder, Ökoring Handels GmbH, Mammendorf;

Susanne Scholl, Praktikantin, Witzenhausen;

Jana Wagner, Praktikantin, Witzenhausen;

Dr. Paula Weinberger–Miller, LfL Bayern, München;

Dr. Andreas Freitag, NLB Verden;

Stefan Hohls, Diplom Ökonom, LAND-DATA GmbH;

Annegret Grafen-Engert, Reyhaneh Eghbal, Susanne Hilbertz und Claudia Molnar vom Bioland-Verlag

Adressen

Bioland Beratung, Auf dem Kreuz 58, 86152 Augsburg,
Tel.: 0821/34680-0, Fax: 0821/34680-135,
Internet: www.bioland-beratung.de,
E-Mail: info@bioland-beratung.de, srettner@bioland-beratung.de

Ökoring Niedersachsen, Bahnhofstr. 15, 27374 Visselhövede,
Tel.: 04262/9594-0, Fax: 04262/9594-33,
Internet: www.oekoring.de,
E-Mail: kontakt@oekoring.de, w.stegmann@oekoring.de

Hubert Redelberger, Unternehmensberatung für den Ökologischen Landbau,
Brückenstr. 4, 34302 Guxhagen, Tel.: 05665/30738,
Internet: www.redelberger.info, E-Mail: mail@redelberger.info

Klaus Braun, Kommunikationsberatung, Gabelsbergerstr. 8, 67346 Speyer,
Tel.: 06232/651166, Fax: 06232/651167,
Internet: www.braunklaus.com, E-Mail: braunklaus@t-online.de

bioVista, Marktdaten für den Naturkosthandel, Goethestr. 15, 76275 Ettlingen,
Tel.: 07243/9453-0, Internet: www.biovista.de, E-Mail: info@biovista.de

Literatur

Zeitschriften:

bioland-Fachmagazin für den ökologischen Landbau, Bioland-Verlag, Mainz.

Bio-Handel, bio verlag GmbH, Aschaffenburg

bioPress, bioPress Verlag, Eschelbronn

BNN-Nachrichten, Köln

Hof Direkt, Landschriften-Verlag, Münster

Lebendige Erde, Zeitschrift für biologisch dynamische Landwirtschaft, Darmstadt

Ökomarkt Forum, ZMP, Bonn

Bücher:

Gebhard-Rheinwald, Matthias: Der Hofladen, Planung, Marketing, Werbung; Stuttgart 2005

Wirthgen, Bernd und Maurer, Oswin: Direktvermarktung; Stuttgart 2000

KTBL: Direktvermarktung 2004; KTBL-Datensammlung, Darmstadt 2004

Projektbüro Startup: Der Geschäftsplan – Basis für Ihren Erfolg; Start up Wettbewerb von Sparkassen, Stern und ZDF, Stuttgart 2005

ZMP: Jahrbuch Ökolandbau 2006; Bonn 2005

Nikolaus Teves: Checkliste für Existenzgründer – Eine Planungshilfe zur Unternehmensgründung, Stuttgart 2004

Hubert Redelberger (Hrsg): Management-Handbuch für die ökologische Landwirtschaft (Band 1) – Betriebswirtschaftliche Instrumente, KTBL Band 425, Darmstadt 2004

Autoren

Hubert Redelberger (Dipl. Ing. agr. und Betriebswirt)

berät seit 20 Jahren ökologisch wirtschaftende Unternehmen. Er führt ein Projekt- und Planungsbüro in Guxhagen in Hessen. Seine Schwerpunkte sind betriebswirtschaftliche Analyse und Planung von Landwirtschafts- und Verarbeitungsbetrieben. Er erstellt Investitionskonzepte und Geschäftspläne zur Vorlage bei Banken und Behörden und berät in Fragen der Finanzierung und Liquidität. Er hat die Gründung, den Generationswechsel und die wirtschaftliche Entwicklung von vielen Unternehmen erfolgreich begleitet; Beispiele zum Beratungsangebot finden Sie unter www.redelberger.info.
Kontakt: Hubert Redelberger, Unternehmensberatung für den Ökologischen Landbau, Brückenstraße 4, 34302 Guxhagen, Tel.: 05665/30738, E-Mail: mail@redelberger.info.

Stefan Rettner (Dipl. Ing. agr. und Coach)

berät seit 17 Jahren Öko-Betriebe und Direktvermarkter. Er arbeitet freiberuflich in Zusammenarbeit mit der Bioland-Beratung. Sein Schwerpunkt ist die Beratung zur Optimierung von Direktvermarktungsbetrieben und beim Aufbau regionaler Vermarktungsstrukturen. Mit einem monatlichen Informationsdienst betreut er Bio-Betriebe in Bayern und Baden-Württemberg.
Kontakt: Stefan Rettner, Am Eichenpfad 26, 97253 Gaukönigshofen, Tel.: 09337/9800-31, E-Mail: srettner@bioland-beratung.de.

Wilfried Stegmann (Dipl. Ing. agr.)

ist seit 1993 Berater für Direktvermarktung beim Versuchs- und Beratungsring Ökologischer Landbau Niedersachsen e.V. (Ökoring). In Kooperation mit der Bioland-Beratung ist er der Ansprechpartner für die direktvermarktenden Bio-Betriebe in Norddeutschland. Der Schwerpunkt seiner Arbeit liegt in der Entwicklung von einzelbetrieblichen Marketing-Strategien und regionalen Vermarktungskonzepten sowie in der betriebswirtschaftlichen Analyse, Optimierung und Begleitung von Direktvermarktungsbetrieben.
Kontakt: Wilfried Stegmann, Ökoring Niedersachsen, Bahnhofstr. 15, 27374 Visselhövede, Tel.: 04262/959415, E-Mail: w.stegmann@oekoring.de.

Berglandkräuter

60 heimische Arten ökologisch aus der Region

- alte unbekannte Kräuterarten neu entdeckt: *AnisYsop, Blattkoriander, Drachenkopf, Orangenminze, Schabzigerklee, Zitronenbasilikum...*
- **kreative Kräutertees, Gewürze, bunte Mischungen:** *z.B. Ein Sommertag, ApfelBeer, Kräuter der Provinz*
- ansprechend verpackt
- Keine Gebindeeinheiten, kein Mindestbestellwert
- **Das Laden-Einführpaket frei Haus mit 60 Päckchen** von 26 verschiedenen Kräuterarten für 100 €

Für Ihre hofeigene Verarbeitung:
Offene Gewürze, Würzmischungen
für Fleisch-, Backwaren und Käse

Bestell-Listen, Prospekt über uns u. Infos von:

Th. Kurowski • 36179 Bebra • Tel (06622)9198-46 • Fax -47
www.Berglandkraeuter.de • Berglandkraeuter@t-online.de

Bioland
ÖKOLOGISCHER LANDBAU
Vertragspartner

IMPRESSUM

Die Datenerhebung wurde gefördert vom
Bundesministerium für Ernährung, Landwirtschaft und
Verbraucherschutz (BMELV) im Rahmen des Bundespro-
gramms Ökologischer Landbau

© Bioland Verlags GmbH
Postfach 19 40
55009 Mainz

Stiftung Ökologie und Landbau (SÖL)
Weinstraße Süd 51
67089 Bad Dürkheim

1. Auflage 2006

Titelfoto: BLE Bonn/Dominic Menzler
Fotos: Christoph Ziechaus: Seite 2, 6, 12, 18 und 27
    BLE Bonn, Thomas Stephan: Seite 29

Satz und Druck Verlag Die Werkstatt, Göttingen